STORM

Alessandro Greco

Storm
A história do hacker brasileiro que invadiu a Nasa, desbaratou crimes na rede e inovou no empreendedorismo digital

Copyright © 2022 by Alessandro Greco

Grafia atualizada segundo o Acordo Ortográfico da Língua Portuguesa de 1990, que entrou em vigor no Brasil em 2009.

Capa
Mateus Valadares

Foto de miolo
Ana Alexandrino

Preparação
Giovana Bomentre

Checagem
Sérgio Bastos

Revisão
Renata Lopes Del Nero
Thiago Passos

Dados Internacionais de Catalogação na Publicação (CIP)
(Câmara Brasileira do Livro, SP, Brasil)

Greco, Alessandro
  Storm : A história do hacker brasileiro que invadiu a Nasa, desbaratou crimes na rede e inovou no empreendedorismo digital / Alessandro Greco. — 1ª ed. — Rio de Janeiro : Objetiva, 2022.

  ISBN 978-85-390-0738-7

  1. Abreu Junior, Wanderley 2. Empreendedorismo 3. Experiência de vida 4. Hackers 5. Homens — Biografia 6. Relatos pessoais. I. Título.

22-120384   CDD-920.71

Índice para catálogo sistemático:
1. Homens : Biografia 920.71

Aline Graziele Benitez — Bibliotecária — CRB-1/3129

[2022]
Todos os direitos desta edição reservados à
EDITORA SCHWARCZ S.A.
Praça Floriano, 19, sala 3001 — Cinelândia
20031-050 — Rio de Janeiro — RJ
Telefone: (21) 3993-7510
www.companhiadasletras.com.br
www.blogdacompanhia.com.br
facebook.com/editoraobjetiva
instagram.com/editora_objetiva
twitter.com/edobjetiva

Para Gabriela, minha amada

Para João Gabriel, Lívia, Helena e Ana Júlia, meus amores

Eu não me interesso pelo que você faz da vida nem pelo que você tem.
Eu só quero saber quem você é.

Gabriela Diamant

Sumário

Prólogo 11

Mísseis 25
Hackeando 34
Nasa 52
Operação Catedral-Rio 65
Bug do Milênio 84
Portugal 105
Aterrissando 110
Zipstream 123
4K 133
Entreatos 142
Mars 2020 148
James Webb 153
E agora? 161

Agradecimentos 167
Notas 169

Wanderley Abreu Junior, o Storm, em seu escritório no Rio de Janeiro.

Prólogo

Viver é a coisa mais rara do mundo.
A maioria das pessoas só existe.

Oscar Wilde

Eram cinco da tarde de um dia de junho de 1999. O general da reserva Wanderley de Abreu bateu calmamente na porta do quarto do filho.
— Junior, você conhece uma mulher chamada Kathleen Jackson?
— Não...
— Essa Kathleen está dizendo que um Wanderley de Abreu invadiu um computador do Laboratório Nacional de Los Alamos. Isso é verdade? — continuou o general.
— Sim. Fui eu.

Kathleen Ann Jackson trabalhava na segurança do Laboratório Nacional de Los Alamos. Fundada em 1943 durante a Segunda

Guerra Mundial pelo governo dos Estados Unidos, a instituição teve durante muito tempo um único endereço: a caixa postal 1663, em Santa Fé, a 53 quilômetros de Los Alamos, no Novo México — para que ninguém desconfiasse que havia ali a base de um projeto altamente secreto. Afinal, era apenas um número para recebimento de correspondências. Conhecido nesse período como Site Y, o local acolheu algumas das mais brilhantes mentes da época — incluindo diversos ganhadores do prêmio Nobel de Física — para trabalharem no Projeto Manhattan, que produziu as primeiras bombas atômicas.

Em 16 de julho de 1945, esse grupo realizaria o primeiro teste nuclear da história. A explosão abriu uma cratera radioativa de três metros de profundidade e 330 metros de diâmetro. Menos de um mês depois, a bomba atômica "Little Boy" foi lançada sobre Hiroshima. Mais três dias, foi a vez da "Fat Man" atingir Nagasaki. Nunca mais uma bomba atômica foi usada contra uma população, mas simulações das consequências caso isso ocorresse continuaram a ser feitas. Para rodá-las, são necessárias máquinas poderosas, capazes de processar milhões de informações por segundo, os chamados supercomputadores.

Entre junho e novembro de 1998 — passados mais de cinquenta anos do primeiro teste atômico —, um supercomputador batizado de ASCI Blue Mountain começou a operar em Los Alamos. Composto por 48 computadores individuais rodando ao mesmo tempo e de maneira coordenada, formava um poderoso sistema de computação paralelo para cálculos complexos como a simulação de uma explosão atômica. Uma máquina capaz de fazer milhões de cálculos concomitantes e que, ao entrar em operação, se tornou o computador mais rápido do mundo. E, teoricamente, o mais seguro também. Só que não.

Um ano após ser colocado em funcionamento, a equipe de segurança de Los Alamos percebeu algo estranho no Blue Mountain. Ele estava gastando parte do seu poder de processamento para rodar um programa diferente.

Naquele junho de 1999, o dia de Wanderley pai, dono de uma loja de informática em Ipanema, a Infotel, não tinha começado muito bem. Horas antes, havia recebido o telefonema de um amigo, também general, dizendo que uma mulher da segurança do Laboratório Nacional de Los Alamos havia afirmado que ele, Wanderley, invadira um computador deles. O general da reserva precisou de apenas dois segundos para entender que estava em uma corrida contra o tempo para desarmar uma bomba diplomática pessoal, e intermináveis quinze minutos para desfazer o imbróglio e explicar ao colega de exército que não, ele não havia feito nada. Mas imaginava quem tinha.

Ainda assim, ao confrontar o filho, a resposta o surpreendeu. Wanderley sabia que ele hackeava computadores, mas não tinha ideia de que havia chegado tão longe. Na hora, ficou na dúvida entre dar uma bronca e aplaudir. A primeira opção era a mais correta e foi a que escolheu, mesmo sabendo, no fundo, que era um feito tecnicamente admirável. Como um engenheiro fascinado por computadores, compreendia a dimensão daquela proeza.

Militar de formação, Wanderley prezava pela correção e pela ordem, mas logo percebeu que o filho era diferente. Desde então, ele e Waldeth, mãe de Junior, nunca mais olharam para o computador do filho da mesma maneira. Agora, provavelmente alguém no Laboratório Nacional de Los Alamos havia levado o maior sermão da vida ou até perdido o emprego.

Wanderley Abreu Junior, um brasileiro de 21 anos, conhecido no mundo virtual pelo apelido Storm, havia hackeado o computador mais rápido do mundo de dentro do apartamento da família na rua Timóteo da Costa, no bairro nobre do Leblon, no Rio de Janeiro — dentro da Nasa estava desde 1997, quando tinha dezenove anos. Ele precisou apenas de uma conexão com a internet que transmitia dados a uma velocidade de 56 kilobits (kb)/ segundo — cerca de 1600 vezes mais lenta que a internet banda larga média brasileira atual (2022).[1]

Wanderley pai, no entanto, não foi o primeiro a receber notícias do hemisfério norte. Trabalhando com tecnologia há mais de cinquenta anos, o matemático brasileiro Julio Botelho gelou quando um e-mail do Laboratório Nacional de Los Alamos pulou em sua tela. Na mensagem, certa Kathleen Jackson queria saber quem era o sujeito que havia se conectado ao Blue Mountain em um horário e dia específicos através da empresa de Botelho, a Unikey. Botelho foi checar e descobriu de quem se tratava: Storm havia trabalhado no suporte técnico da Unikey cuidando dos servidores e ajudando usuários a se conectarem à internet.

Uma das primeiras pessoas a usar o serviço de internet comercial no Brasil, Botelho havia criado a Unikey quatro anos antes, em 1995. A empresa fez parte de um pequeno grupo de testes que usou a internet antes que ela fosse aberta ao público. Naquele momento, a Unikey era um dos grandes Bulletin Board Systems (BBS) em operação no Brasil, com cerca de 2 mil usuários, entre eles Storm.

Os BBS ("Sistemas de Quadro de Avisos", em tradução livre) funcionavam como pontos de encontro virtuais. Ali as pessoas subiam arquivos para que ficassem armazenados nos discos rígidos do sistema (algo equivalente a fazer o upload no que chamamos hoje de "nuvem") e, assim, pudessem ser baixados por outros usuários. Entre esses arquivos, havia softwares comerciais. Pirataria pura e simples. Era possível ainda conversar por texto com quem estivesse conectado naquele momento ao BBS (tipo um

WhatsApp) e trocar mensagens privadas (uma forma de e-mail lida pelo destinatário no momento em que ele abrisse sua caixa de mensagens); ou acessar mensagens públicas que eram vistas por todos os usuários da BBS e podiam ser comentadas. Mas, se um usuário em São Paulo quisesse acessar informações no disco rígido de uma BBS nos Estados Unidos, teria de fazer uma ligação internacional e conectar-se diretamente a ela — as BBS não estavam conectadas entre si —, o que era caríssimo, portanto, inviável para a maioria.

A ponto de ser arrastado para uma confusão internacional, Botelho não titubeou: passou para Kathleen o nome do responsável pela conta chamada "storm": o brasileiro Wanderley Abreu. E foi assim que ela chegou primeiro ao pai.

Enquanto isso, Botelho, irritado, ligava para Wanderley Abreu Junior.

— Porra, Storm! Que história é essa? Tá doido?

Botelho vivia dando esporro em Storm e na molecada que trabalhava com ele na tentativa de manter um mínimo de civilidade na empresa. Não que o que Storm e seus colegas de suporte faziam fosse controlável. Uma das diversões dos jovens, por exemplo, era rodar uma rádio clandestina — a "Cremilda FM" — de dentro da Unikey.*

---

* A rádio usava um singular bordão: "A única que não chupa o c* da sua mãe", porque "a gente iniciava a transmissão da rádio sempre com um trecho do trote do Pareto". Uma referência a um "clássico" das pegadinhas telefônicas da década de 1990, em que o advogado Luiz Carlos Pareto liga para a então operadora de telefonia do Rio de Janeiro (Telerj) para reclamar de sua linha, mas a chamada cai em outro número. A pessoa que atende não só finge ser um funcionário da empresa como ainda grava a conversa. Pareto, zoado até não poder mais, em dado momento mandava seu interlocutor "chupar o... da mãe".

Botelho e Storm acabaram se entendendo. Com Wanderley pai, porém, foi preciso um pouco mais de tempo e de articulação para chegarem a um bom termo.

— Junior, a gente tem que resolver isso. Vamos ter que procurar um advogado e você não vai falar nada pra sua mãe. Apaga agora tudo o que você tem aí no seu computador.

A estratégia não deu certo. Waldeth de Miranda Lima de Abreu logo descobriu que o primogênito havia aprontado. Não foi novidade. O garoto fascinado por computadores, que havia ganhado sua primeira máquina aos seis anos, fazia traquinagens com eletrônicos desde sempre e deixava os pais com um misto de admiração e preocupação. O apelido Storm (tempestade), dado por uma professora de inglês, não era exatamente uma brincadeira. Mas invadir sites do governo americano era diferente — e assustador.

— Você tá louco? Pelo amor de Deus! Eles vão te deportar!
— E deu-lhe uns cascudos.

"Nenhuma novidade eu apanhar da minha mãe. Foi assim desde pequeno. Toda vez que eu aprontava, tomava uns tapas. E eu aprontava todos os dias..."

O jovem, que amava o risco de ser pego, nem ligou. "Sempre andei na contramão, graças ao meu pai. Ele reclamava pra caralho, mas pagava tudo. Toda vez que eu fazia uma merda, ele tirava meu modem, meu computador, mas nunca por muito tempo. E eu fiz muita merda."

Apesar da relação nem sempre suave com a mãe, Junior sempre foi superprotegido. Certa vez, ao ficar sabendo do convite feito por um amigo para levá-lo, já adolescente, à boate Wells Fargo — um clássico do Leblon da década de 1990 —, Waldeth não teve dúvida. Ligou para a mãe do menino queixando-se que Junior, aos quinze anos, estava sendo levado para o "mau caminho".

Mesmo quando não estava fazendo nada errado, a fama do jovem deixava a família preocupada. Um dia antes do fatídico telefonema de Kathleen, Storm mostrou ao pai uma página da CIA, a Agência Central de Inteligência do governo americano, que armazena investigações e informações de segurança nacional para o presidente dos Estados Unidos. Era a página The World Factbook. O pai de Junior, na hora, disse:
— Sai daí, moleque!
"Só para ficar claro: eu não invadi a CIA. A The World Factbook era uma página pública. Aliás, ainda é. Qualquer um pode acessar."

De fato, é uma enciclopédia que reúne informações sobre a história, as pessoas, o governo, a economia, entre outros dados de todos os países.

A paixão de Storm pela internet se traduziu em milhares de horas na frente da tela e outros tantos milhares de reais no orçamento familiar. Ele chegou a gastar mil reais em uma ligação para se conectar a uma BBS nos Estados Unidos. E não foi apenas uma, foram centenas de ligações ao longo dos anos com o objetivo de entrar no Internet Relay Chat (IRC) com outros hackers e trocar experiências. Isso quando não estava em seu próprio canal privado de IRC no Brasil, hackeando.

No final dos anos 1990, início dos 2000, o IRC havia se tornado o principal meio de bate-papo — chat — na internet, concentrando as trocas de mensagens de milhares de usuários todos os dias. Alguns deles, como Storm, conversavam e levavam os programas ao limite. Querendo tirar sempre o máximo deles. Sem rede de segurança. Apenas a tela preta e uma intuição feroz.

O bairro de São Conrado na Zona Sul do Rio de Janeiro é conhecido por seus condomínios, hotéis de luxo, shoppings e pela favela da Rocinha — e, na década de 1990, pela boate Circus, frequentada pela juventude carioca da Barra da Tijuca à Rocinha, que se encontrava ali para ouvir funk e o DJ Marlboro.

Aos dezesseis anos, Storm frequentava as matinês e um final de semana quase foi parar nas páginas policiais ao descarregar uma arma de choque em um moleque que tentou assaltá-lo no ônibus em que ele ia para a boate com mais dois amigos.

O que poderia ter se transformado em um enrosco com a lei acabou não dando em nada. A polícia foi bater na porta da Circus mas ninguém tinha a menor ideia do que havia ocorrido e ela terminou indo embora.

O problema com a segurança de Los Alamos, porém, permanecia vivo. Wanderley pai conversou, argumentou e explicou para Kathleen que não havia sido ele a entrar no Blue Mountain, e sim o filho, uma "criança", e que não fora nada realmente sério. Ele não convenceu a oficial de segurança. Segundo ela, não era possível acessar o supercomputador diretamente pela internet, era preciso passar não por um, mas por três firewalls — barreiras eletrônicas que protegem um computador de pessoas não autorizadas — a partir de uma conexão que ninguém conseguia ver publicamente.

Mas havia um atalho: invadir um computador da Nasa que se conectasse a Los Alamos. Uma falha grave que ninguém havia pensado em explorar. Apenas Storm.

Seguir sempre a regra de não mentir para o pai ajudou Storm. Wanderley pai relatou a Kathleen toda a situação e recebeu uma proposta. O garoto iria para um programa americano dedicado a pessoas como ele, apontaria as falhas que poderiam favorecer novas invasões, consertaria o que havia feito e voltaria para casa são e salvo, com um certificado de "Trusted Computer System Evaluation Criteria Auditor" do Laboratory for Terrestrial Physics da Nasa, que controla os satélites do National Oceanic and Atmospheric Administration (NOAA). Do lado de cá, o pai fez apenas um pedido: Junior poderia sair quando quisesse dos Estados Unidos.

"Eles queriam saber como eu tinha feito aquilo, qual rota tinha utilizado. E rápido. Fiquei morrendo de medo de ir para lá e não me deixarem voltar ao Brasil, mas meu pai negociou essa questão."

Menos de um mês depois, um avião comercial saído do Rio de Janeiro pousava em Baltimore, nos Estados Unidos. Nele estava Storm com seu visto e uma carta do governo americano reiterando que ele não seria preso pelas invasões que cometeu.

No trajeto que separa o aeroporto do hotel, Storm continuava intrigado com o fato de quererem vê-lo tão rápido. À noite, matutando sobre isso, seu sono já naturalmente agitado piorou ainda mais. No dia seguinte, de manhã, um carro parou na frente do hotel e dele saltou um membro da equipe de segurança do Goddard Space Flight Center (GSFC). O rapaz, tão jovem quanto Storm, estava ali para levá-lo até o coração da Nasa.

Primeiro centro espacial da Nasa, o Goddard é o lar do telescópio Hubble, que capturou imagens do início do mundo, ajustou a idade do Universo e descobriu a energia escura que impulsiona a expansão do cosmo. Ali, no meio da maior organização de cientistas, engenheiros e tecnólogos dos Estados Unidos, Storm continuava intrigado. Obviamente se sentia prestigiado e com o ego inflado, mas para que tanta correria?

Caça e caçadora então se viram pela primeira vez. Olhos nos olhos. Kathleen, uma especialista em segurança sênior de quarenta e poucos anos, atuava no Laboratório em Los Alamos havia dezenove anos. Storm, um jovem hacker de 21. E a caçadora brifou a caça. Naquele lugar, a menos quinze quilômetros da Casa Branca, Storm entendeu que o problema era muito maior do que ele poderia imaginar. E o Blue Mountain era apenas uma parte dele.

"Nessa hora eu entendi que tinha de jogar com os agentes Smith da Matrix. Se não fizesse isso, corria o risco de ser destruído. E joguei. Não sou idiota. Você bate até um certo ponto, mas quando comecei a apanhar percebi que não sou tão forte como o Kevin Mitnick, que bancou uma fuga do FBI, o Bureau de Investigação Federal dos Estados Unidos, e terminou na cadeia. Então tirei o pé e disse para mim mesmo 'chega.'" Anos depois, Storm escreveria os textos de orelha e faria a revisão técnica da tradução para o português de *Fantasma no sistema*, um dos livros de Mitnick.[2]

Kevin Mitnick é uma lenda entre os hackers. Alterou as notas do seu boletim da escola, roubou dados de empresas de telefonia, softwares de grandes empresas e desafiou o FBI, que lida com ameaças à segurança nacional e que conta com mais de 30 mil pessoas trabalhando ativamente para proteger o Tio Sam de terrorismo, espionagem e ataques cibernéticos.

Mitnick perdeu ao despertar a ira de Tsutomu Shimomura, um especialista em segurança conhecido por suas grandes habilidades tecnológicas. No dia de Natal de 1994, ele invadiu o computador de Shimomura. A atitude ousada o enraiveceu de tal modo que tomou como missão pessoal capturar Mitnick. E assim o fez, com a ajuda do FBI, após uma caçada que durou semanas e terminou em 15 de fevereiro de 1995. O Condor — apelido de Mitnick — passou cinco anos trancado, sem poder chegar perto de um computador.

Storm ficou preocupado de receber uma punição semelhante, mas seu crime tinha sido, pelo menos em teoria, mais brando que o de Mitnick. Ele nunca gerou danos aos computadores do governo americano e não tentou ganhar dinheiro com essas invasões específicas.

Não que Storm fizesse o tipo bonzinho hackeando. E nunca fingiu que fosse. Certa vez, ao invadir a máquina de uma universidade na França, resolveu deixar um *backdoor* — o equivalente a deixar a porta dos fundos de uma casa aberta sem contar para ninguém, podendo assim entrar no local quando quisesse. O administrador da máquina percebeu a invasão e tirou o acesso de Storm ao computador. Só não sabia da *backdoor*. Storm entrou novamente. O administrador o tirou. Na terceira, Storm digitou na tela do computador invadido o comando "RM-RF/" e pressionou "Enter", apagando tudo o que havia lá. Em alguns segundos, fim da história. Máquina apagada. Zerada. Apenas uma tela preta com um recado carinhoso: "*Cet ordinateur est à moi, fils de pute*" (Esse computador é meu, filho da puta).

"Eu podia ter feito o mesmo no Blue Mountain. Tinha o acesso. Podia ter ferrado anos e anos de pesquisa. Imagina o tempo que eles iam perder recuperando os backups. Eu só estou aqui hoje porque não fiz merda nesses computadores mais poderosos, fui um cara legal [risos]. Mas, não, eu não apaguei o meu computador conforme meu pai tinha me dito para fazer naquele dia lá em casa. Ficou tudo lá. Absolutamente tudo. E também não menti para ele. Fiquei quieto quando ele me pediu para apagar tudo."

Invadir a Nasa foi apenas uma das façanhas de Wanderley José de Abreu Junior. E também a que ficou mais famosa. Mas essa é apenas a parte mais aparente de uma personalidade complexa que tem em seu cerne um senso único de enfrentamento do sistema e a busca pela liberdade, custe o que custar.

O preço às vezes é alto. No mesmo ano de 1999, em outubro, o Ministério Público do Rio de Janeiro deflagrou a Operação Catedral-Rio, que identificou mais de duzentos pedófilos. Junior passou madrugadas e mais madrugadas, sob a orientação do promotor de Investigações Criminais da Zona Oeste do Rio de Janeiro, Romero Lyra, conversando com pedófilos, pedindo para eles enviarem imagens e vídeos. Até hoje tem frequentes pesadelos com o que viu e acorda gritando.

Capaz de numa conversa citar de Chacrinha ao filósofo Friedrich Nietzsche, passando pela ópera *Carmen* de Bizet e os sambas do Carnaval carioca (é Caprichosos de Pilares, mas torce pela Portela — sim, Storm é pura contradição), também pode simplesmente ignorar qualquer assunto que não interesse seguindo uma lógica cortante: "Não vou gastar meu tempo em coisas com as quais não tenho nada a aprender ou a trocar". Às vezes é rude e direto, mas está sempre disposto a ajudar as pessoas, em geral, no anonimato. Protege aqueles de quem gosta em silêncio, sem alarde. E gosta de empreender, sempre.

Vendeu a primeira empresa que criou, a Storm Development, aos 24 anos. Depois foi sócio de uma boate na Lagoa Rodrigo de Freitas, estudou criptografia quântica no Massachusetts Institute of Technology (MIT) e trabalhou em Portugal para a empresa de sistemas críticos Critical Software. Lá trabalhou para a Agência Espacial Europeia, enquanto esperava passar a quarentena contratual imposta pela venda da Storm Development. Na volta ao Brasil, criou a Storm Security & Safety.

Em um mundo hiperconectado em que hackers — como Edward Snowden, nos Estados Unidos, e Walter Delgatti Neto, no Brasil — vazam dados de agências e autoridades, a verdade sempre emerge. Os jovens esperam e cobram uma postura transparente de empresas e instituições.

Esse é o farol que guia pessoas como Storm — filosofia expressa em um dos documentos hackers mais importantes da história, o "Manifesto Hacker" ("The Conscience of a Hacker"), publicado em 8 de janeiro de 1986 pelo hacker "The Mentor" no e-zine Phrack, logo após ter sido preso pela polícia americana:

Sim, eu sou um criminoso. Meu crime é o da curiosidade. Meu crime é o de julgar as pessoas pelo que elas dizem e pensam, não pelo que aparentam. Meu crime é o de ser mais esperto que você, algo pelo qual você nunca vai me perdoar.
Eu sou um hacker e este é o meu manifesto. Você pode parar este indivíduo, mas você não pode parar todos nós... afinal, somos todos parecidos.[3]

Este livro conta como Storm vem fazendo isso há mais de trinta anos. Com o sistema e com a própria vida. Um exemplo do que fazer e, muitas vezes, do que não fazer.

Mísseis

Eu vo-lo digo: é preciso ter um caos dentro de si para dar à luz uma estrela cintilante.
Friedrich Nietzsche, *Assim falou Zaratustra*

Quinze de outubro de 2019. Pizzaria Paulino. Zona Sul de São Paulo, capital. Vinte horas.
— Eu não acredito que você existe.
— Também não acredito que você existe.
— A última vez que nos vimos foi na saída de uma festa do Colégio Militar. Você tinha dezessete anos, eu, catorze.
Alessandro Forel, 47, e Junior, 44, passaram boa parte das férias da infância juntos no bairro da Tijuca, no Rio de Janeiro. Mas a vida os separou. O primeiro acabou indo para São Paulo e o segundo fixou-se, a partir dos catorze anos, no Rio de Janeiro, onde continua até hoje. Guardam em comum uma infância cheia de diversão, uma época em que o "Storm" ainda não existia. Era apenas Junior, um menino muito inteligente que aparentava uma normalidade que não existia dentro de si. Apesar das longas

horas juntos, os dois nunca tiveram uma discussão — o que, para uma pessoa com o temperamento de Junior, é um milagre. E foi Alessandro que, sem querer, deu o primeiro empurrão para que o amigo se tornasse quem é.

Os dois eram uma dupla improvável. Alessandro, um viking, loiro, com 1,93 metro de altura. Junior, 1,70, moreno e baixinho, passa despercebido na rua. E os dois se abraçando geram uma cena única — Junior literalmente some nos braços do amigo. Também nunca estudaram no mesmo colégio, mas Junior ficava muito na casa de sua tia e madrinha Walkyria nas férias de verão, ao lado do apartamento dos pais de Alessandro.

O apartamento na rua General Canabarro era o local ideal para a dupla extravasar energia e rebeldia. Ali podiam pular no sofá e jogar pingue-pongue na mesa da sala (algo impensável na casa de Junior, cujos pais prezavam pela organização). E tinham ideias.

O Centro Federal de Educação Tecnológica Celso Sukow da Fonseca (Cefet-RJ), bem em frente ao apartamento, foi uma das vítimas. E eles não precisaram de mais nada além de um telefone fixo e o número de uma pizzaria ali perto.

"Pedimos duas pizzas e ficamos escondidos atrás da cortina do meu quarto para ver no que dava. Era a casa do reitor do Cefet. O entregador com as pizzas na mão e o reitor com aquela cara de 'eu não tenho ideia de quem pediu isso'", conta Alessandro.

Em uma época em que o sistema de comunicação disponível eram os telefones fixos sem identificador de chamadas — celulares sequer existiam de forma comercial —, a malandragem funcionou bem. Rendeu horas da dupla rindo e vangloriando-se para os amigos do que tinham aprontado. Mas, apesar de Junior ser o "tecnológico" da dupla — adorava desmontar brinquedos quando pequeno para ver como eram por dentro —, foi Alessandro quem descobriu o aparelho que mudaria a vida dos dois.

O modem daquele início dos anos 1990 era muito diferente do que conhecemos hoje. Era um aparelho externo conectado ao computador com uma velocidade milhares de vezes mais lenta do que a da banda larga e até do celular com acesso 4G à internet. E wi-fi existia apenas em filmes de ficção científica.

Numa televisão conectada ao computador, Junior entendeu pela primeira vez do que um modem era capaz: colocar na tela informações de todo o mundo. Sem limites. Conhecimento infinito de todos os tipos na ponta dos dedos. E enquanto Alessandro estava fascinado com a possibilidade de conversar com pessoas de diferentes lugares do mundo, Junior começou a entrar no universo cibernético. Um mergulho que deu a ele a chance de deixar de lado o personagem do menino extrovertido e gente boa para assumir on-line sua personalidade tímida, desconfiada e solitária.

Para conseguir um modem, Junior juntou o dinheiro dos presentes de aniversário, Dia das Crianças, do Natal, da madrinha e tudo mais. E conseguiu, em seu aniversário de doze anos. Conectou-o ao seu computador, um MSX, e pronto: o admirável mundo novo da internet passou a fazer parte de sua vida. Os computadores MSX Expert da Gradiente eram um sonho de consumo da época. Tinham funcionalidades que os tornavam muito mais velozes e flexíveis que seus concorrentes e com infinitas possibilidades a serem exploradas por um jovem que dava seus primeiros passos como hacker.

Ver Junior na frente do computador foi um alívio para seus pais, que tinham medo do que ele e Alessandro podiam aprontar juntos. Só não sabiam que Junior on-line seria ainda mais complicado — e que acabaria fortalecendo uma característica que tinha desde pequeno: a resiliência.

"Ele sempre foi muito persistente. Quando queria uma coisa, ia lá e fazia. Mesmo que demorasse", reconta outro amigo, Alexandre Coelho, cujos pais moravam no apartamento em frente ao da madrinha de Junior.

Exibido no SBT, o programa do palhaço Bozo foi muito popular na televisão brasileira em toda a década de 1980. As crianças se esforçavam para participar das brincadeiras do palhaço por telefone. Alexandre e Junior tinham sua guerra particular para ver quem conseguiria entrar no quadro do cavalinho — uma corrida entre três cavalos de brinquedo, um preto, outro branco e o terceiro malhado. Se a criança acertasse o cavalo vencedor, ganhava um presente.

"O Junior sempre foi muito competitivo. Por exemplo, eu já havia conseguido ir à Xuxa, ele não. Ele não se aguentava, ficava irritado. Um belo dia, eu estava assistindo televisão e o Bozo atendeu o telefone: 'Quem tá falando?'. 'Wanderley Abreu!' O Bozo: 'Onde você mora?'. 'Rua General Canabarro...' O Bozo: 'Não, não, qual estado?'. 'Rio de Janeiro!' Pensei comigo mesmo: não é possível. Esse filho da mãe conseguiu. Mas ele escolheu um cavalo que perdeu. Pelo menos isso. Se tivesse ganhado, ia ser péssimo aguentá-lo se gabando. O Bozo era em São Paulo, então o telefonema era interurbano. Não sei como ele fez. Eu já tinha treze anos e não sabia fazer. Ele estava com apenas dez. Na hora em que ele desligou, fui direto para a casa da tia dele, em frente à minha casa, e dei de cara com ele com o telefone na mão. 'Você me viu no Bozo?' 'Sim, eu vi.'"

Anos depois, Junior contaria outra história. "Ao contrário do que o Alexandre falou, eu ganhei, tá? Acertei o cavalo, cacete! Fiquei meia hora esperando o Bozo me atender e me dar o prêmio, o jogo de Caça ao Tesouro do Duck Tales, por ter acertado o cavalo. Lembro até hoje."

A Praia Vermelha, no bairro da Urca, tem um quê diferente de outras praias icônicas da capital fluminense. Ali estão pontos turísticos como o bondinho do Pão de Açúcar, mas a praia em si não é tão frequentada por turistas, pois está um tanto deslocada do circuito Copacabana, Ipanema, Leblon. No entorno dela, instituições militares importantes, como o Instituto Militar de Engenharia e a Escola de Comando e Estado-Maior do Exército (Eceme) dão um tom mais sério ao local. No centro da Praia Vermelha, um chafariz retangular fazia a festa dos moradores de rua da região, que costumavam se refrescar do calor escaldante. Hoje, com a pista Cláudio Coutinho aberta, muitos turistas circulam e o Exército não deixa mais ninguém tomar banho ali.

No caminho para se tornar oficial de alta patente, Wanderley pai foi estudar na Eceme, estabelecimento de ensino de mais alto nível do Exército Brasileiro, que prepara oficiais superiores para o exercício de funções de Estado-Maior: comando, chefia, direção e assessoramento. Passou um ano ali com Waldeth, Junior e Alessandra, a filha mais nova. Enquanto ele estudava, Waldeth cuidava das crianças então com quatro e três anos respectivamente — e Junior já aprontava.

Em uma ocasião, o pequeno Junior, com uma roupa branca toda engomada, caminhava de mãos dadas com a mãe pela Praia Vermelha até que avistou o chafariz. Animado, não resistiu, se jogou na água junto com os moradores de rua e começou a brincar. Desesperada, Waldeth o agarrou e correu assustada para casa. Achou que o primogênito poderia pegar uma doença grave. Resultado: banho de álcool. Não com uma garrafa, mas duas.

"Eu sou assim, da galera. Sempre fui."

A galera podia ser a de ex-colegas do Colégio Militar, a do baile funk de Jacarepaguá ou do skimboard da adolescência. Junior ficava feliz se encontrando com todos, mas não conseguia realmente se conectar com ninguém. Até participava de tudo, mas não se envolvia de verdade. Sabia que, no final, ia ficar pouco tempo — a carreira do pai militar levava a família a mudar de cidade várias vezes. O ambiente em que realmente se sentia em casa era o das máquinas eletrônicas, ou nas conversas com o pai, que o ensinou não apenas a paixão pelos eletrônicos, mas a falar inglês, andar de bicicleta e jogar xadrez. O pai sempre deu um jeito para que as aprontadas do filho não tivessem uma punição demasiado severa, mesmo que envolvessem o uso de mísseis virtuais em uma vila militar.

Em Bento Gonçalves, no Rio Grande do Sul, há uma vila militar como tantas outras espalhadas pelo país. Foi para lá que Wanderley pai levou a família quatro anos depois de terminar seus estudos na Eceme. Havia várias casas iguais, uma ao lado da outra. A única residência um pouco maior era a do comandante do batalhão do Wanderley pai, conhecido como coronel Abreu.

Engenheiro eletrônico, Wanderley pai comprou um computador logo que foi transferido para Bento Gonçalves. Junior tinha acabado de fazer sete anos. Fabricado por uma empresa brasileira, a Prológica, o computador, o CP400, era o que havia de melhor no Brasil no tempo em que a reserva de mercado impedia microcomputadores mais modernos de serem comprados aqui — sim, houve um tempo em que não era possível comprar máquinas modernas no país embora muitas pessoas as trouxessem ilegalmente do exterior. Sentado no colo do pai à noite, Junior começou a aprender sobre computadores e a exercitar as letras que tinha aprendido na escola.

Junto com o computador vinha um livro de Basic — uma linguagem de programação — e exemplos de como escrever programas com ela. Os comandos eram em inglês — Goto, Next, IF, Else —, o que levou Junior a aperfeiçoar a língua. Ele já tinha começado a aprender com o pai e com uma professora que lhe dera o apelido que se tornaria seu nickname, "Storm", pelo tanto que ele se movimentava, quebrando tudo ao redor ou simplesmente desaparecendo da vista da mãe, que ficava desesperada.

Os invernos em Bento Gonçalves são frios, em especial para cariocas, acostumados a altas temperaturas. Em um desses dias gélidos, Waldeth não achava o filho dentro de casa. Resolveu procurar do lado de fora e se deparou com Junior no telhado. Com frio, o menino havia escalado a estrutura da antena de TV para ficar mais perto do sol e se esquentar. Mas não foi a única vez que fez isso. Subiu ao telhado diversas vezes com um intuito especial.

A cada 75-76 anos, o cometa Halley pode ser visto a olho nu da Terra. O cometa foi batizado em homenagem ao astrônomo Edmond Halley, que determinou a periodicidade de sua passagem pela Terra, cuja última aparição foi em 1986. E foi tentando avistá-lo que Junior foi parar no telhado tantas vezes. Não conseguiu ver o cometa, mas o fascínio pelo céu o levaria muito mais longe do que poderia sonhar. "Eu não tinha a mais vaga ideia de que um dia poderia estar em uma missão da Nasa para Marte."

O fascínio pelas máquinas e por cometas não evitou que Storm continuasse a entrar em confusão. O menino amava uma briga — intelectual ou física — e não passava uma semana sem que Waldeth recebesse um chamado de alguém reclamando. Toda vez que o telefone tocava, o primeiro pensamento dela era que o Junior tinha aprontado. Acontecia de tudo, desde desafiar os professores até brigar na rua.

Impaciente e explosivo, Junior batia e apanhava, mas acabava se dando mal em casa. Sempre tomava bronca da mãe, mas logo percebeu que podia usar armas não convencionais para conseguir o que queria. O cinema foi sua inspiração.

Pioneiro entre os filmes de nerd usando computador, *War Games* [Jogos de Guerra] mostra um adolescente se conectando ao sistema de defesa dos Estados Unidos e provocando um alerta geral que quase leva o mundo à Terceira Guerra Mundial. As cenas mostravam mísseis indo de um lado para o outro e foram uma inspiração para Junior que, aos sete anos, era um dos menores da turma de amigos. Um dia, cansado dos tapas que vivia tomando dos mais velhos, resolveu dar o troco usando Logo — uma linguagem de computação para crianças.

Nela, uma tartaruga virtual respondia aos comandos do usuário de desenhar e pintar. Com a tartaruga na ponta do dedo, Junior desenhou uma vila virtual com pequenos lança-mísseis (obviamente também virtuais), colocou os nomes dos amigos nas casas e saiu ameaçando os colegas:

— Leandro, essa aqui é a sua casa na vila. Tá vendo? Seu nome está nela e o meu míssil vai direto para lá se você não me der seu lanche. Tenho o código de disparo aqui. Meu pai me deu.

De tanto repetir a história, Junior conseguiu o lanche de vários amigos. Daqueles de quem não levava o lanche, aceitava o dinheiro que levavam para comprá-lo. Com todos em perfeito acordo, após a pequena explicação, o dinheiro ou a comida entravam no caixa de Junior. E durante meses o pequeno da turma comeu às custas dos amigos. Acabou descoberto. Não por conta do lanche, mas porque gostava de pinhão.

O início do outono em Bento Gonçalves é uma época adorada pelas crianças. Os pinhões começam a cair aos pés das araucárias e muitos gostam de colhê-los e colocá-los na fogueira, mas não estava fácil para Junior e seus amigos convencerem os adultos de que não havia perigo em fazer uma fogueira na vila, que era cercada de mata. Havia, no entanto, um local de "baixo risco": o areal onde os oficiais jogavam vôlei. Ideal, na cabeça das crianças, para assar os pinhões. O pai de um dos meninos não gostou da ideia e perguntou para o filho por que ele tinha ido assar pinhões lá. Sem saber o que fazer, o menino contou a verdade: o Junior tinha mandado. Inconformado, o pai quis saber o porquê de ele ter obedecido. Assustado, deu a única resposta possível: "Ele tem um computador e vai explodir nossa casa se não seguirmos as ordens dele".

A descoberta não caiu bem com o pai de Junior, que o deixou sem computador e Atari por uma semana. Não que tenha adiantado. O menino continuou a usar suas habilidades cibernéticas de forma cada vez mais sofisticada conforme os anos passavam e a internet evoluía no Brasil. Não necessariamente da forma mais lícita do mundo. "Meus amigos imaginavam que eu hackeava o Atari, o CP400, e que tinha poderes mágicos. Eu não tinha, mas usava isso a meu favor..."

Hackeando

Avalia-se a inteligência de um indivíduo pela quantidade de incertezas que ele é capaz de suportar.

Immanuel Kant

Tataravô da internet, o videotexto era um serviço informativo utilizado no Brasil no início da década de 1990. Incluía informações nacionais e internacionais de esportes, a previsão do tempo, a programação dos canais e alguns jogos simples. Os dados eram transmitidos pela linha telefônica, recebidos por um decodificador que os enviava para a TV. E a Universidade de São Paulo (USP) tinha um serviço de videotexto, no qual era possível fazer perguntas para serem respondidas pela equipe da universidade.

Na época, pouquíssima gente sabia usá-lo, e ter acesso ao conhecimento das bibliotecas da USP era um diferencial. Morando em Brasília, já aos doze anos, Junior se conectava com as bibliotecas, fazia perguntas, por exemplo, sobre ciências, recebia as respostas e vendia para os alunos do ensino fundamental e médio do Colégio Militar de Brasília. O Departamento de Trânsito do Rio de Janeiro

(Detran-RJ) também tinha um desses videotextos que prestava um serviço gratuito. Bastava se conectar, dar a placa de um carro para o sistema retornar o telefone e o endereço do proprietário. Por uns mil cruzeiros, o equivalente a uns dez reais hoje, Junior intermediava essa "prestação de serviço" para quem precisasse do endereço e telefone do dono de um carro. Simples assim.

"Eu também pirateava jogo pra caralho. Lá em casa mesmo, em Brasília, na SQN103, na Asa Norte. Gravava em disquete e fita cassete. Dava um bom dinheirinho..."

O disquete era um tipo de disco de armazenamento externo com um leitor/ gravador próprio que fez a alegria de todos que mexiam com computador na década de 1990, por permitir que programas e jogos passassem de mão em mão. Não necessariamente de forma lícita.

Junior nunca fugiu — que se lembre — de uma luta. Mas já foi "bonzinho" e se arrepende até hoje.

A Associação Cristã de Moços (ACM) é uma instituição bicentenária que proporciona, entre outras atividades, a prática de esportes. Junior lutava judô lá aos nove anos, já morando em Brasília. Em uma competição, aplicou um golpe em um garoto, imobilizou-o e começou a apertar. Ao ver que o menino começara a babar e estava quase desacordado, afrouxou o golpe com medo de machucá-lo. Acabou levando um "ippon", o golpe "perfeito", e perdeu o embate.

Após o final da luta, o professor disse que Junior poderia ter ganhado se não tivesse soltado o oponente. "Eu retruquei que ia matar o moleque. E ele disse: 'Então mata. Ele pode bater no chão para terminar a luta. Se não fizer isso, você continua apertando. O problema é dele'. Agora eu aperto até o fim..."

A derrota levou Junior a nunca mais deixar nada parecido acontecer, preferindo sempre o outro lado do espectro, mesmo quando estava errado.

Na mesma ACM Junior e os amigos se divertiam, nos fins de semana, roubando manga e cana-de-açúcar, e eram sempre perseguidos pelo mesmo guardinha em uma bicicleta. E sempre se safavam pulando o muro. Até o dia em que tudo deu errado e o guardinha pegou um dos amigos de Junior. Ele deu tapas no pescoço e bateu com um pedaço de cana nas pernas do menino. Revoltado, Junior bolou um plano para se vingar. No fim de semana seguinte, eles voltaram não apenas para roubar as mangas e a cana, mas para zoar tudo. Xingando e mostrando o dedo do meio para o guardinha, Junior o atraiu para o meio do canavial e combinou com o amigo que havia apanhado de ficar abaixado no caminho entre Junior e o guardinha de bicicleta. Na hora em que o guarda passou, o menino enfiou um pedaço de cana no aro da bicicleta.

"Eu me lembro até hoje dele voando, se estabacando no chão e da gente arremessando pedaços de manga e de cana nele, e xingando de tudo quanto é nome. Eu era doido e muito delinquente."

Storm não se cansava de aprontar e nos anos seguintes continuou assim. Aos treze, se divertia soltando bombinhas no terreno baldio ao lado de uma escola estadual do Distrito Federal que oferecia cursos de alfabetização para pessoas idosas. Para Junior e os amigos era apenas mais uma oportunidade de fazer algo errado. Dessa vez, assustar velhinhos.

No mesmo período, Junior começou a se interessar por ciências ocultas e durante um bom tempo teve como livro de cabeceira *ABC do ocultismo*, um clássico da área, apesar de ser filho de mãe judia e pai católico. O ecletismo religioso nunca gerou conflitos e ele seguiu estudando ciências ocultas do Egito, umbanda e cabala.

Tudo junto e misturado. Mas, na adolescência, o ritual católico prevaleceu e ele terminou por fazer primeira comunhão e crisma.

A família nunca deu muita bola para os rituais ocultistas de Junior. Afinal, ele sempre gostou de coisas diferentes. Até que, entre a árvore de Natal e os presentes do Papai Noel, ele decidiu fazer um ritual de magia meio cabala, meio egípcio em seu quarto. Na cozinha, Alessandra, a irmã de Junior, decidiu acender o forno, que literalmente explodiu. Apesar do enorme susto, ela apenas chamuscou os cabelos; e uma sensação de estranheza pairou no ar.

"Eu, minha mãe e meu pai ficamos achando que tudo havia acontecido por causa do ritual do Junior", relembra Alessandra.

Na verdade, o motivo foi um vazamento de gás. Mas Junior só voltou a encontrar seu livro preferido em uma caixa de mudança quando a família voltou ao Rio de Janeiro, dois anos depois. Seus pais o haviam escondido, com medo de que um novo ritual tivesse consequências mais graves.

"Antes do Harry Potter eu já fazia magia...", brinca ele.

Nas horas vagas em que não estava no computador, nem fazendo negócios, nem praticando ocultismo, Junior era um adolescente quase normal. Amava andar de bicicleta e de Walk Machine — um patinete motorizado — pelas quadras de Brasília e paquerar as meninas no rolê. E teve uma das maiores frustrações da vida com uma garota chamada Sandra: apaixonado pela moça, quando ia engatar o namoro, sua família se mudou novamente para o Rio de Janeiro.

As mudanças constantes em momentos cruciais seriam uma tônica na vida emocional do adolescente. E ele ficou um tempão sem gostar de outra menina, dedicando parte do tempo no Rio de Janeiro aos seus "negócios" on-line que, em pouco tempo, se expandiriam.

O Bar Bukowski toca rock tradicional no bairro de Botafogo desde 1997. Não à toa, o nome do bar é o sobrenome do poeta, contista e romancista alemão radicado nos Estados Unidos Charles Bukowski, também conhecido como "Velho Safado". Na década de 1990, a "Noite Gótica" do local era frequentada por Junior e seus amigos, que amavam ouvir música deprê e depois jogar RPG — um tipo de jogo em que os participantes assumem papéis de personagens e criam narrativas em colaboração. Não exatamente no bar, mas no cemitério ali perto, o São João Batista, em que repousam figuras brasileiras históricas como Tom Jobim, Carmen Miranda, Glauber Rocha, Nelson Rodrigues, Candido Portinari, Cazuza, Clara Nunes e Santos Dumont.

Uma porta era tudo que Junior e os amigos precisavam e a do São João Batista vivia aberta. Eles entravam calmamente, como quem dá um passeio no parque. Para evitar interrupções, liberavam um dinheiro para o vigia. E ficavam jogando RPG em cima dos túmulos.

Na mesma época em que "hackeava" o cemitério com a turma de amigos, aos dezessete anos, Storm começou a explorar as portas do mundo on-line na BBS carioca Inside — precursora da internet comercial. Foi lá que oficialmente entrou em contato pela primeira vez com o conceito de ser hacker ao ler o "The Hacker's Guide", que ensinava o básico de como fazer o que não se devia on-line. Ele percebeu logo que a própria Inside tinha falhas e que havia como hackeá-la para estender seu tempo de conexão — na época, o tempo máximo era normalmente de noventa minutos. Quando esse período se esgotava, era preciso esperar virar o dia para se conectar de novo. Uma tristeza para um jovem como Junior, fascinado pelo mundo on-line e sem apreço pelas regras.

Após hackear a BBS, Junior conseguia ficar 180 minutos por dia. E foi além. Descobriu outro bug — uma falha no sistema —

que lhe permitia ter acesso aos canais privados de conversa entre os usuários da Inside. E começou a lê-las. Gostou do que viu e continuou fazendo besteira. Como todo o hacker que se preze tem um nickname (um nome on-line), nascia ali o Black Storm — apelido que logo seria encurtado para Storm. Mas a festa duraria pouco. Descoberto, acabou convidado a administrar o sistema de computadores da Inside. O dono da empresa, Charles Miranda, primo distante da mãe de Storm, Waldeth, concluiu que era melhor ter o adolescente trabalhando dentro da empresa do que hackeando-a. O trabalho durou pouco, apenas o suficiente para Storm criar, em 1995, uma das primeiras páginas pessoais da internet do Brasil e começar a buscar novas fontes de renda. Uma busca que se iniciara cedo e que seguia uma lógica clara: dinheiro compra a liberdade de não ter que pedir nada para ninguém e de seguir suas próprias regras. Até hoje uma visão que surpreende os pais de Junior. Waldeth, inclusive, se espanta com o fato de Junior não ter horário para chegar e sair do trabalho, mas entende que é assim porque "ele é o dono da empresa...".

Em sua nova empreitada, Storm começou a trabalhar com a HiCom e ali travou seu primeiro contato com a Globosat, que, anos depois, se tornaria uma grande parceira de negócios. Pertencente à maior empresa de telecomunicações do Brasil, o Grupo Globo, a Globosat queria fazer um site para o Campeonato Brasileiro de Basquete. Contratou a HiCom, que chamou Storm para cuidar da programação. Mas houve um problema inesperado. Os donos do provedor em que o site ficaria hospedado, a Unikey, simplesmente não queriam deixar Storm colocá-lo no ar. A fama de hacker já corria solta. Pouco depois, a Unikey seria o elo que conectaria Kathleen, de Los Alamos, a Storm.

André Nava, responsável pelo projeto na Globosat, tentou de tudo, mas a Unikey simplesmente bateu o pé e comunicou que

Storm não poderia entrar ali. Coube a Nava dar uma solução para o enrosco. Já que não era possível enviar o site diretamente da Hicom para a Unikey, a solução foi dividir o processo em dois. Storm enviaria o site para a Globosat e, de lá, ele seria enviado para a Unikey. O que, no final, não mudava nada. "Se o Storm tivesse decidido hackear o site, iria acabar chegando na Unikey do mesmo jeito. Ele me deu trabalho desde o início...", lembra Nava rindo.

Nessa época, aos dezesseis anos, Storm passou no vestibular para Ciências Biomédicas na Unicamp, em Campinas, mas ficou lá poucos dias. Odiou tudo e voltou ao Rio de Janeiro para jogar RPG no cemitério, hackear, trabalhar e "tentar" namorar.

O Cap'n Crunch é um cereal de milho e aveia muito consumido nos Estados Unidos. Em 1972, a caixa trazia um apito de plástico como brinde. Apenas um brinquedo inocente, não fosse o cérebro do hacker e programador John Draper. Ele percebeu que o brinquedo reproduzia um som na frequência 2600 Hz, o mesmo utilizado pelos telefones da AT&T[1] para acessar o satélite em chamadas de longa distância. Com o satélite "na mão", a ligação saía de graça. Mas era possível sofisticar ainda mais o sistema de forma que não fosse necessário usar uma ficha sequer para realizar essas ligações em telefones públicos — na época, elas custavam uma fortuna e poucas pessoas podiam usá-las.[2]

Antes de fundar a icônica companhia que hoje conhecemos como Apple, os dois Steves — Jobs e Wozniak — conheceram Draper e obtiveram suas *blue boxes* — aparelhos capazes de gerar esses tons. As proezas do Captain Crunch — como Draper é conhecido entre os hackers — se espalharam pelas BBS do mundo inteiro e Storm foi um dos que se interessaram pela história e passou a usar, mais de vinte anos depois, uma *blue box* e outros aparelhos similares para se conectar com as BBS, como a CompuServe e a Hacker's Heaven nos Estados Unidos. E economizou um bom dinheiro da família em ligações internacionais. Não que a conta de telefone tenha voltado ao normal, pois Junior continuava a passar dias conectado nas BBS locais.

Alessandra sempre achou estranho que a mãe deles levasse comida para o irmão, que ficava trancado no quarto dias seguidos. Com as janelas fechadas e as luzes apagadas, apenas o monitor iluminava o ambiente e o tec, tec, tec dos dedos de Junior no teclado quebrava o silêncio.

Conectar um computador à internet não era uma tarefa simples no final da década de 1990. Era preciso discar para um provedor de acesso, inserir login e senha, e somente então era possível usar a internet. Tudo isso utilizando a linha do telefone fixo que ficava ocupada e impossibilitada de fazer ligações. Se alguém inadvertidamente pegasse o aparelho para fazer uma chamada, a linha da internet caía, interrompendo a transmissão de dados. "Quem pegou o telefone!?", explodia Junior dentro do quarto.

Em uma casa normal, haveria acordos para o uso do telefone. Não na de Junior. Ele simplesmente escondia todos os aparelhos da casa no quarto dele para que ninguém pudesse usá-los. Mas nem sempre dava certo. Uma vez derrubaram a linha e ele quase teve um troço porque estava havia horas subindo um "programa", e a pessoa que levantou o telefone — ninguém lembra quem foi — simplesmente interrompeu a transmissão de dados; enraivecido, Junior teve que começar tudo de novo.

A essa altura, a figura solitária que ficava trancada em seu próprio canal de IRC — precursora das salas de bate-papo virtual — já tinha hackeado centenas de máquinas ao redor do mundo. Alguns bugs ele mesmo descobriu e reportou em uma lista de troca de informações sobre o tema, a Bugtraq, na época da publicação deste livro hospedada no portal on-line de notícias sobre segurança Security Focus. Sobre outros bugs ele ficou sabendo trocando informações com hackers europeus.

Silvia do Valle, conhecida como SiL}} no mundo on-line, é uma ex-hacker brasileira das antigas. Veterinária, começou a hackear por acaso em 1995, durante seu mestrado na Universidade Cornell, nos Estados Unidos. Conheceu Storm quando ele estava começando a hackear. Sempre viu nele um moleque bom de fazer script — o código para hackear — e que gostava de trabalhar sozinho. A mania de alardear seus feitos levou Storm a ser desacreditado por outros hackers, mas certa vez SiL}} o pegou dentro de uma máquina do Departamento de Agronomia da Universidade Cornell. Assim que Storm conseguia entrar, SiL}} tirava o acesso dele. Ele entrava de novo e ela o tirava novamente, como em uma brincadeira de gato e rato. Um dia, cansada da brincadeira, avisou ao dono da máquina que havia um invasor. O cara não deu bola. Irritada, SiL}} enviou o histórico de Storm invadindo a máquina para o centro de computação de Cornell, que gerenciava o acesso aos computadores, e eles o bloquearam. Segundo SiL}}, para a idade, uns dezesseis anos, Storm era tecnicamente muito bom. E abusado.

Storm relembra a história de forma um pouco diferente: "Ela me dedurou. Maior sacanagem. O que a SiL}} não sabe até hoje é que ela me chutou de apenas umas duas ou três máquinas e eu tinha umas trinta em Cornell".

A facilidade com que Storm entrava nas máquinas não era apenas por ser tecnicamente bom. Era o começo da internet comercial e havia muita gente inexperiente gerenciando os servidores — computadores centrais de onde outros computadores pegam informação — de universidades e redes em geral. Era muito mais fácil do que as pessoas imaginam. No período entre 1995 e 2000, jovens hackers invadiam tudo quanto é computador. Mesmo quando se descobria uma falha, muitas vezes os usuários e os administradores dos sistemas não faziam a devida atualização de segurança. Daí bastava o hacker saber qual era a falha e entrar. Uma festa.

Storm sempre gostou de festas e reagia ciberneticamente quando não era convidado para uma. Menor de idade, tentou entrar em uma festa de pessoas que tinham canais de IRC no Pub Lord Jim, no Leblon. Foi barrado na entrada. Não teve dúvida sobre o que fazer. Tomou o canal Brasil da EFNet — uma rede IRC usada mundialmente e que existe até hoje — e passou a impedir qualquer pessoa de entrar nele, até ser chutado para fora por outro hacker, de nome Shadow. Ele é o único que tem a admiração de Storm, que o chama sempre de "o cara que manja das paradas".

Não foi a primeira vez que Storm perdeu a cabeça. E nem seria a última. Mas o menino que vivia sendo chamado de Quiabo Man (por causa das espinhas), Jeca (por usar as calças acima da cintura) e Chico Treva (por nunca falar com ninguém) um dia passou dos limites.

A personalidade intempestiva de Storm pode beirar o descontrole. Uma vez, ainda aos dezesseis anos, pegou a arma do pai e a levou para a escola para tirar satisfação com um garoto mais velho de quem vivia tomando tapas no pescoço. No banheiro, mostrou a arma para o moleque, mas amigos próximos não acreditam que ele fosse capaz de realmente usar uma arma, embora soubesse atirar. "O cara se mijou de medo. Bem-feito", relembra Storm.

Wanderley pai nunca soube o que o filho fez. Ao menos não até agora.

As aulas de educação física no Colégio Militar em Brasília eram sempre as últimas do dia. Na quadra de cimento circundada por arquibancadas do mesmo material, os meninos gostavam de ficar jogando bola. Cada semana um levava uma bola; e aquela era a vez de Storm. Ele estava todo feliz, mas o dia não saiu como o esperado. Uma vez por mês, os adolescentes do 3º ano do ensino médio faziam educação física no mesmo horário, então confiscavam a bola do pessoal da 6ª série e o dono da bola não podia ir para casa até que eles cansassem de jogar. Não que isso fosse realmente um problema para Storm, pois o pai sempre demorava a chegar ("meu maior trauma da infância"). Mas ele não achava justo ter de esperar. Queria a bola de volta. E começou a provocar.

Com seu 1,50 metro de altura, entrava no jogo, pegava a bola, chutava e saía correndo... Até que um adolescente perdeu a paciência: pegou uma baioneta e cravou na bola. Projetada para encaixar-se na ponta de um fuzil ou mosquete, a lâmina destruiu o brinquedo. E Storm foi, furioso, para cima do jovem. Mas não de mãos vazias. Ele pegou um rodo, dos grandes, daqueles usados para secar a quadra. A primeira rodada atingiu em cheio a cabeça do jovem, que foi a nocaute, caindo de cara na arquibancada. Storm ainda lutou contra mais dois adolescentes, bateu e apanhou deles até a chegada do capitão. Resultado: o adolescente que tomou a primeira pancada foi hospitalizado, teve de comer por semanas com canudinho e quebrou duas costelas. "Minha mãe dizia que se fosse brigar com uma pessoa maior do que eu, era pra jogar uma pedra, um pau, para ela nunca mais voltar. Foi isso que eu fiz", justificou.

Suspenso por seis dias da escola, Storm não se importou. Passou esse tempo conectado à sua grande paixão, o computador.

Storm gosta de música erudita e das histórias dos músicos que a compuseram ao longo dos séculos. Em especial, do compositor alemão Ludwig van Beethoven, um dos grandes autores da música ocidental sobre quem paira até hoje um mistério: quem era a destinatária da carta de amor escrita a lápis que começava com os dizeres: "Meu anjo, meu tudo, meu próprio ser"? Ao longo dos séculos, o texto redigido em julho de 1812 na cidade de Teplice, na atual República Tcheca, levantou diversas hipóteses; mas nenhuma delas se confirmou e a destinatária ficou conhecida como "Amada Imortal".[3] E assim Storm passou a chamar Ana Caroline, uma jovem por quem se encantou.

O coração adolescente de Storm bateu mais forte pela Amada Imortal desde que a conhecera, aos catorze anos. Ele tinha acabado de sair de Brasília, de onde seu pai havia sido transferido, e os dois estudaram juntos no Colégio Militar do Rio de Janeiro. Logo se tornaram amigos. Ele, um moleque ingênuo, perdido em um colégio novo. Em Brasília, a escola era pequena, tudo muito organizado — uma dádiva para a personalidade de Storm, em que a lógica é fundamental. Agora, o lugar era enorme e sem indicações claras das salas de aula. Embora fosse proibido, havia muitas pessoas se beijando pelos corredores. Para ele, um universo absolutamente novo; para ela, parte do dia a dia.

Ficou tão perdido no primeiro dia na escola que não conseguiu encontrar sua sala de aula. Um desespero que o fez se sentir absolutamente isolado e só piorou com o tempo. A sensação foi aliviada apenas pelo convívio com Amada Imortal e outros poucos amigos.

Amada Imortal era uma das melhores alunas da classe. Storm, um arruaceiro que vivia arranjando confusão, mas passava as noites lendo e estudando — de computação a mitologia. Ele odiava a ideia de ser bom aluno. Não queria ser visto como nerd e achava que medir as pessoas pelas notas era uma idiotice. Tirava sempre notas médias. Nunca muito altas nem muito baixas. Um dia, irritado com o fato de Amada Imortal sempre dizer que era a mais inteligente da classe, desafiou-a. Pediu a ela que escolhesse uma matéria — qualquer uma — e apostou que tiraria uma nota melhor do que a dela.

O estereótipo da boa aluna, Amada Imortal era dedicada, esforçada, focada e competitiva em tudo que fazia, inclusive no balé. Sabendo que não tinha chance em matemática, física ou química e que em português havia também o risco de perder, pois Junior gostava muito de ler e tinha aptidão para línguas, cravou história sem pestanejar. E foi confiante fazer a prova. No final do exame, tinha certeza de que havia ido muito bem. Se não havia tirado dez, ficaria muito perto disso. E, na pior das hipóteses, haveria um empate. Mas não. Perdeu por exato 0,3 ponto. Tirou 9,5, e Storm tirou 9,8. E até hoje ele se diverte recontando a história.

A impaciência de Storm o levou a inúmeras brigas no colégio. Em uma delas, bateu em um colega chamado Rodolfo e foi castigado (pela enésima vez) com estudo obrigatório no sábado. Na quadra da escola, o corpo de balé ia dançar na abertura do campeonato juvenil de futebol. Amada Imortal fazia parte da equipe, então Storm decidiu assistir. Com uma rosa na mão, ela e as outras bailarinas rodopiavam e ele observava a tudo fascinado. Sentado estrategicamente na primeira fila, esperou e atingiu seu objetivo: ganhou a rosa das mãos de Amada Imortal ao final da apresentação. Ele cantava músicas para ela, e os dois conversavam longamente sobre os sonhos adolescentes dele, sempre dizendo que ia trabalhar para a Nasa. Emocionado com a flor, Junior resolveu retribuir o gesto. Comprou sementes de rosa vermelha, plantou-as numa janela de casa, regou-as e esperou nascerem. Quando a primeira rosa desabrochou, ele a embalou em uma caixinha com um bilhete para Amada Imortal. Nele, escreveu um texto sobre o significado das rosas vermelhas na mitologia grega: o ápice da paixão.

Ganhou um sorriso e um beijo no rosto. Uma demonstração de carinho inesperada a ponto de até hoje os detalhes daquele momento estarem vivos em sua memória, tanto quanto o agridoce momento da apresentação da Feira de Ciências.

Há trinta anos, a Feira de Ciências da escola era um dos poucos momentos em que os nerds tinham a chance de mostrar seus talentos. E Storm não ia deixar passar a oportunidade. Convidou Amada Imortal para fazer parte do seu grupo e apresentou-lhe o projeto que tinha em mente: construir um foguete funcional de dois estágios. Para a surpresa de Storm, recebeu um "não, vou fazer com as minhas amigas". Chateado, ele canalizou sua raiva para produzir um projeto fora de série. Em uma época em que as apresentações eram todas feitas com cartolina e caneta, o trabalho do grupo de Storm causou sensação e foi chamado a participar de outras Feiras de Ciências. Projetado com folha de flandres na parte externa, para não pegar fogo, e usando açúcar e salitre do Chile como combustível, o foguete tinha um sistema de direção, tal qual acontece com um foguete real. Segundo Storm, ao final da apresentação, que ele fez olhando diretamente nos olhos de Amada Imortal, ela pediu para ser incluída no grupo. Amada Imortal jura que não, que o pedido foi feito por um outro amigo de Storm. De todo modo, magoado, Storm teria dito não. Anos depois, ela afirmaria que, ao ver Storm mirá-la nos olhos durante toda a apresentação, sentiu uma atração profunda por ele.

Semanas depois da Feira de Ciências, Storm resolveu operar o foguete no mundo real. Segundo ele, o protótipo voou dez quilômetros, uma marca muito boa para esse tipo de artefato. Já o desfecho da relação entre Storm e Amada Imortal, pelo menos naquele momento, não foi o tão sonhado por ele. Storm não viveu sua paixão. E também não conseguiu seu maior objetivo no Colégio Militar: ser expulso. Fez de tudo e fracassou. Foram diversos estudos obrigatórios aos sábados e outras tantas advertências por se envolver em confusão com colegas e professores, e nada. Até que resolveu jogar aberto com o pai:

— Ou você me tira do colégio ou vou repetir até ser expulso.

Acabou indo para o colégio MV1 e lá conheceu aquela que se tornaria uma das suas grandes amigas: Junia.

A cerca de 120 quilômetros do Rio de Janeiro, na cidade de Paty dos Alferes — historicamente uma rota de escoamento do ouro produzido em Minas Gerais até o porto do Rio de Janeiro —, atualmente conhecida pela Festa do Tomate e pela Exposição de Orquídeas e Bromélias, Junia convidou Wanderley — ela provavelmente seja a única pessoa a chamá-lo assim — a passar o fim de semana numa fazenda da família com a irmã dela e três amigos. Haviam combinado de explorar uma trilha. No local, todos de shorts, camiseta, roupas de passeio e falando alto, se divertindo. Menos Storm: calça militar, canivete, meião, bota e quieto, absolutamente em silêncio.

"Ele foi todo preparado. Não parecia que estava se divertindo, mas era exatamente o contrário. Ele caminhava observando os detalhes, procurando a melhor forma de andar na trilha. E na volta estávamos todos mortos de cansaço, eu peguei carrapato, minha irmã se cortou e ele dizia que estava ótimo", relembra Junia rindo.

A habilidade de direcionar a própria energia para atingir os objetivos sem se importar com o entorno foi evoluindo com o passar dos anos e hoje funciona como um potente radar. Aparentemente, Storm está sempre ao celular, concentrado; mas, na verdade, escuta tudo o que estão falando à sua volta e, se percebe um tema interessante, se manifesta. Geralmente com frases curtas. Ou apenas com uma ou duas palavras. Depende do dia. Quando o que ele chama de "sistema emulador do comportamento humano" está em um dia "bom", fala mais. Nos dias em que não está, simplesmente fica ouvindo. Não que seja fácil. O fato de sentir uma emoção sem ser capaz de expressá-la da melhor forma sempre foi uma questão para Storm: "Passei muitos anos na frente de um computador na juventude e não me desenvolvi direito emocionalmente, eu sei".

Apesar da falta de jeito com pessoas, Junior acabou sendo escolhido — para a própria surpresa — como orador da turma na formatura do ensino médio. E lá foi ele de smoking preto e gravata borboleta vermelha falar. O discurso não foi nada manso. Criticou professores, chamando-os de pouco capazes, e disse que nunca precisou estudar muito para passar de ano. Ao final, abriu uma champagne no palco.

Com a saída do Colégio Militar, Storm passou anos sem ver Amada Imortal, mas não a esqueceu. Um dia, em 1999, recebeu uma ligação dela. Ele agora namorava Carolina, mas não teve dúvida: largou a namorada para finalmente viver seu amor de adolescência. Sem nunca deixar o espírito nerd de lado...

Storm é fã incondicional de *Star Wars*, a saga criada por George Lucas. Na estreia de *Star Wars: A ameaça fantasma* no Brasil, em 24 de junho de 1999, qual não foi a surpresa de Amada Imortal ao encontrar o namorado vestido a caráter de Obi Wan Kenobi na porta do cinema. Uma cena e tanto. Curioso é que Kenobi é um mestre na arte da diplomacia, apelidado de "o negociador" por encerrar brigas sem precisar usar o sabre de luz. Exatamente o oposto de Storm, que, na maior parte das vezes, prefere a espada à palavra. Nas outras vezes, usa as palavras como arma.

Durante a escrita deste livro, recebi dele, em um 4 de maio, uma mensagem por WhatsApp com a foto de um gato e a legenda "May the 4th be with you". A escolha da data, considerada um feriado pelos fãs de *Star Wars*, vem de um trocadilho com a célebre frase "May the Force be with you" (Que a Força esteja com você), dita como despedida pelos cavaleiros Jedi, e adaptada pelos fãs.

O nome do felino da foto era Jorge, uma homenagem a George Lucas, a São Jorge, padroeiro do Rio de Janeiro, e ao orixá Ogum. Uma nerdice que continua a morar dentro de Storm somada, com o passar dos anos, a um jeito de ver o mundo que mistura elementos tecnológicos a referências religiosas católicas e de matriz africana.

Voltando ao namoro com a Amada Imortal: durou apenas três meses e deixou marcas. No primeiro mês, ficaram logo noivos, mas a relação desandou. Era início de setembro de 1999 e o casal estava em uma boate. Ela precisou falar com a mãe e Storm resolveu dar uma mãozinha explorando uma falha dos telefones públicos. Ligou para um número, digitou mais algumas coisas e discou para a mãe da namorada. Tudo sem pagar nada. O primeiro número era o do Private Branch Exchange (PBX) — um centro que distribui as ligações telefônicas —, depois, digitando um código e uma senha de manutenção, era possível se conectar a qualquer telefone. Simples assim.

A técnica é utilizada de forma mais sofisticada até hoje. Em 2020, a Check Point Research (CPR), braço de Inteligência em Ameaças da empresa de segurança Check Point, descobriu uma fraude milionária liderada por hackers em Gaza, na Cisjordânia e no Egito. Eles conseguiram ter acesso a mais de 1200 organizações em mais de sessenta países entre novembro de 2019 e novembro de 2020, e uma das técnicas utilizadas foi justamente hackear o PBX. Segundo a CFCA (Communications Fraud Control Association), apenas em 2019 as perdas com fraudes de telecomunicações globais ultrapassaram os 28 bilhões de dólares. No caso do PBX detectado pela Check Point, os países com organizações mais visadas foram Reino Unido, Holanda, Bélgica, Estados

Unidos e Colômbia, e os setores mais atacados foram o governo, o exército, empresas de seguros, de finanças e de manufatura.

A forma alternativa de Storm lidar com a vida não funcionava para Amada e ela imediatamente percebeu que não seria a primeira vez, nem a última, que Storm hackearia. Para ela, Storm estava descumprindo a lei (e estava mesmo) e prejudicando outras pessoas (aqui ele discorda, diz que a única que perdia era a companhia telefônica). O fato é que Storm se irritou profundamente com a posição de Amada e devolveu a aliança de noivado. E o que era para ser apenas um rompimento se tornou uma briga com traços de novela mexicana.

Na semana seguinte, tecnicamente solteiro, Storm convidou a ex-namorada Carolina para ir à festa de sua irmã, Alessandra, na boate Six, no centro do Rio de Janeiro. E se arrepende até hoje. A festa corria solta quando Amada Imortal entrou na boate, se deparou com a cena de Storm beijando Carolina e gritou: "Junior, o que é isso?". Ele olhou para ela e, não satisfeito com a situação constrangedora, virou de volta e continuou beijando Carolina. Amada Imortal foi embora sem olhar para trás.

Nasa

Não há absolutamente fenômenos morais, mas apenas uma interpretação moral dos fenômenos...
Friedrich Nietzsche, *Além do bem e do mal*

Hackear é uma arte para pessoas pacientes. Noventa por cento do tempo é chato, enfadonho e dá errado. Nada acontece. É pelos 10% que dão certo que os hackers lutam. Um trabalho de persistência e criatividade para alcançar a recompensa suprema: invadir um sistema. Uma demonstração de que é possível, sim, vencer a máquina. Nem que por apenas tempo suficiente para que a falha de segurança seja descoberta e fechada pela empresa ou instituição. Mas sempre há mais falhas a serem exploradas. Sempre. Foi assim que, aos dezenove anos, Storm deu de cara com o bug que mudaria sua vida e o faria aterrissar na Nasa. Um erro trivial, tecnicamente besta, mas que afetava boa parte dos computadores da Silicon Graphics, na época uma grande empresa americana de software e hardware que trabalhava com equipamentos de alta performance e tinha entre seus clientes o governo e as universidades. A falha permitiria a Storm entrar em milhares de máquinas ao redor do mundo. Um parque de diversões sem fim para o adolescente.

O carro parou na entrada do GSFC. Sentado no banco do passageiro, Storm estava ansioso. Iria encontrar com Kathleen Jackson, a chefe de segurança do Laboratório Nacional de Los Alamos, e estava com medo das consequências de ter invadido o Blue Mountain e preocupado por terem exigido que ele viajasse tão depressa para os Estados Unidos — ele fora pego em junho de 1999, e estávamos em julho. No momento em que entrou na sala de reuniões onde estava Kathleen, Storm teve a certeza de que iriam levá-lo direto para a cadeia. Mas Kathleen tinha problemas mais urgentes.

Storm havia hackeado os computadores que controlam os satélites meteorológicos responsáveis por capturar e analisar dados ambientais globais, incluindo previsões do tempo. A brecha de segurança era potencialmente danosa; Kathleen precisava de uma rede segura e deu essa missão a Storm. Uma diversão para o moleque abusado que, entre o medo e a ousadia, amava um desafio. A solução foi montar uma rede paralela de testes, modificá-la e tentar invadi-la. A cada camada de segurança adicional que criava, Storm tentava, ele mesmo, quebrá-la e depois a submetia para outros fazerem o mesmo. Passou vários dias melhorando e invadindo a rede, até que na quinta tentativa criou um beco sem saída. Um hacker que tentasse invadir novamente os computadores do GSFC até conseguiria entrar, mas ficaria em uma espécie de limbo, sem conseguir avançar nem retroceder, e sem acessar nenhuma informação.

Uma provocação típica do humor irônico-agressivo de Storm. Inclusive recentemente ele batizou sua rede wi-fi de "Polícia

Federal". Vai que algum vizinho faz algo errado e resolve usar uma rede das redondezas? No caso de Storm, era um fato: um de seus vizinhos havia sido realmente preso por fraude.

Na década de 1990, a empresa americana de software e hardware Silicon Graphics conseguiu o que parecia impossível: agradar artistas e engenheiros — dois tipos de pessoas com objetivos aparentemente inconciliáveis em se tratando de computadores. Capazes de fazer cálculos muito rapidamente, as máquinas da Silicon deixavam engenheiros fascinados, e, com sua capacidade de gerar imagens em três dimensões de altíssima qualidade na tela, forneciam um deleite para os artistas. E foi assim que passaram a dominar o mercado de computadores de alta performance, incluindo a indústria cinematográfica — essenciais para animações como *Toy Story*, da Pixar, o primeiro filme totalmente digital da história. E foi um desses Silicon que Storm invadiu.

A competência dos computadores Silicon vinha da arquitetura de seu sistema operacional, batizado de Irix. E um de seus grandes encantos, que fascinava os usuários, era o *plug and play*: bastava tirá-lo da caixa, rodar uma configuração chamada *outofbox* e o computador estava pronto para uso. O paraíso para milhares de pessoas que não queriam, ou não sabiam, configurar suas máquinas.

A instalação *outofbox*, porém, deixava dentro das máquinas uma informação valiosa que indicava para hackers que havia uma grande possibilidade de o computador estar vulnerável a um ataque virtual. Um arquivo chamado "hinv for MachineInfo", que apontava uma chance de 90% de que seria "simples" hackeá-lo. Mas ainda era preciso saber onde estavam os computadores com esse arquivo no vasto mundo da internet.

Nada que um crawler (rastreador de web) não pudesse fazer.

Até esse ponto, nada ilegal. É com crawlers que os chamados motores de busca — Google é o mais famoso deles — procuram as páginas na internet e permitem que todos nós sejamos capazes de acessá-las. A diferença está na intenção. Enquanto buscadores como o Google procuram páginas e as indexam para que todos tenhamos acesso a elas, Storm queria saber quais computadores tinham o arquivo "hinv for MachineInfo" e, portanto, eram potencialmente vulneráveis a um ataque virtual.

Com essa informação na ponta dos dedos, Storm programou seu crawler para gerar um arquivo com as máquinas na internet que continham o "hinv for MachineInfo", usando os programas buscadores da época, como Altavista, Yahoo, Lycos, Infoseek (o Google ainda não havia sido inventado).

A existência do "hinv for MachineInfo" era um bom indício, mas por si só não permitia a entrada na máquina. Era preciso saber — e não era difícil — se a instalação *outofbox* havia criado automaticamente um usuário chamado 4DBOX que não exigia senha. Bastava então digitar 4DBOX no campo usuário, dar Enter como senha e pronto: entrava-se no computador. Um descuido e tanto. Crítico, mas nada comparado aos dois erros de programação que permitiam a um hacker literalmente capturar logins e senhas de todos os computadores em qualquer lugar do mundo a partir do próprio computador, desde que estivessem na mesma rede.

O 4DBOX dava acesso limitado ao computador. Afinal, fazia parte de uma configuração de fábrica, mas permitia ao usuário entrar no chamado *shell*, que é uma tela preta na qual era possível rodar, por exemplo, o programa Telnet. Esse programa faz com que um computador se conecte a um servidor. E aí morava o perigo. A partir do seu computador, o hacker poderia rodar outro programa chamado Exploit Stack Overflow, que enchia a memória do computador com informações a ponto de fazê-la "estourar", zerando-a. O resultado era uma nova tela preta no mesmo Telnet, só que com acesso total e irrestrito à máquina, o chamado "superusuário". Pronto: estava feito o estrago.

Uma vez dentro do computador como superusuário, bastava um comando para fazer com que o computador hackeado "enxergasse" todas as outras máquinas conectadas ao mesmo servidor e, na sequência, rodar outros dois programinhas: um farejador (*sniffer*) e um capturador de digitação no teclado (*keystroke logger*). A brincadeira era então farejar as máquinas conectadas ao computador invadido, capturar tudo o que fosse digitado no teclado delas, e enviar ao hacker o resultado — o login e a senha — de cada uma delas.

"Eu sou muito preguiçoso. Sempre fui. Não gosto de ter trabalho. Por isso automatizei esse processo. Deixava-o rodando ininterruptamente 24 horas por dia, sete dias por semana. Tive comigo dezenas de milhares de usuários e senhas, acesso a todo tipo de informação. Muitas delas, nunca usei. Eram muitas."

E mesmo que o administrador da rede de computadores descobrisse a invasão e expulsasse Storm, não seria por muito tempo. No momento em que entrava como superusuário, ele instalava também o chamado *rootkit*, um grupo de programas que permite tomar o controle do computador de forma clandestina. Entre eles, está um programa chamado *backdoor*, que dá acesso direto ao computador hackeado sem que o hacker precise passar por todo o processo de invasão desde o começo.

Um parque de diversões para um hacker. Mas havia um cão de três cabeças guardando a porta de entrada para computadores do GSFC da Nasa. Criado por pesquisadores do MIT, em Cambridge, Estados Unidos, e batizado de Kerberos, ele garantia que, na hora que um computador e um servidor se conectassem, eles verificassem a identidade um do outro simultaneamente. Em tese um sistema tão bom que o governo americano o usava para fazer a segurança entre computadores e servidores em uma rede como o GSFC da Nasa.

No caso dos computadores do GSFC, a autenticação mútua do Kerberos protegia o Telnet impedindo Storm de conectar o computador hackeado ao servidor e de iniciar todo o procedimento para capturar o que fosse digitado no teclado com um *keystroke logger*.

Mas havia outra falha que podia ser explorada. O login (4DBOX) e a senha (em branco) usados para entrar eram geralmente também o login e a senha usados em outra área do computador, chamada SMTP — um tipo de conexão entre computador e servidor por onde são enviados os e-mails. E esta conexão do SMTP não era protegida pelo Kerberos — "E aí ficou fácil. Entrava pelo SMTP e fazia todo o procedimento para capturar os logins e as senhas", conta Storm.

Storm passou dois anos dentro do GSFC e nunca foi pego. Sempre conseguia disfarçar sua presença usando a *backdoor* que havia instalado nos computadores hackeados. Mas sua "sorte" acabou quando ele entrou em um supercomputador de nome Cray.

Seymour Cray foi um dos grandes designers de supercomputadores do mundo. Em 1972, seis anos antes de Storm nascer, criou a Cray Research para fabricar essas supermáquinas. Em 1996, a empresa foi comprada e se tornou uma divisão da Silicon. Dois anos depois, em 1998, entraria em operação o supercomputador Cray — invadido por Storm no ano seguinte.

A capacidade de realizar cálculos complexos rapidamente fazia dele um ativo valioso. Era comum pesquisadores da Nasa e de diversas instituições se conectarem ao tal *CRAY* para pedir a resolução de contas. E foi com um simples *keystroke logger* no computador de um pesquisador da Nasa que se conectava ao *CRAY* que Storm conseguiu o login e a senha para acessá-lo.

Mas Storm precisava, como sempre, se esconder do administrador da rede de computadores da Nasa para que ele não percebesse sua presença e tirasse seu acesso. A solução foi usar um *bouncer*, um programinha que permitia a ele se conectar a outro computador da Nasa — que tivesse acesso legítimo ao mesmo Cray — e de lá pular para dentro dele.

Storm sabia que os supercomputadores Cray eram muito rápidos e podiam servir bem ao que ele tinha em mente. E o que Storm buscava era algo um tanto insólito: indícios de vida fora da Terra. Ele já tinha tentado achar nos computadores da Nasa rastros de que os americanos haviam feito contato com seres extraterrestres, mas não havia encontrado nada. Decepcionado, resolveu instalar no Cray o programa SETI@Home (Search for Extraterrestrial Intelligence at Home) de busca de vida inteligente fora da Terra. Esse não foi o primeiro computador hackeado no qual Storm colocava o SETI@Home, mas a capacidade de processamento de informações do Cray era o equivalente a ter centenas de computadores fazendo juntos o mesmo serviço.

O SETI@Home foi um programa desenvolvido pela Universidade da Califórnia, Berkeley, nos Estados Unidos. Para ser instalado em computadores comuns, ele fazia com que essas máquinas usassem seu tempo ocioso na busca de vida inteligente fora da Terra, analisando sinais de rádio captados por radiotelescópios terrestres.

Mas, antes de conseguir colocar o SETI@Home no Cray, Storm teve de fazer o mesmo procedimento de estourar memória (*exploit stack overflow*) do Cray para virar superusuário e ter acesso total e irrestrito à máquina. Para surpresa de Storm, o Cray tinha o mesmo tipo de falha dos computadores da Nasa, embora utilizasse um sistema operacional diferente. A única "sorte" do Cray é que ele não deixava um hacker enxergar os outros computadores que estavam na mesma rede.

Um alívio para os administradores do Cray invadido por Storm, que descobriram a invasão ao tomarem um susto calculando quais eram os maiores consumidores de capacidade de processamento do supercomputador, e descobrindo que o terceiro colocado era o SETI@Home. Só perdia para os funcionários da instituição ao qual pertencia o supercomputador e para a Silicon Graphics, que o havia construído.

O que Storm não sabia é que tinha entrado em um Cray importante, o Blue Mountain, capaz de rodar simulações de explosões atômicas como as ocorridas em Hiroshima e Nagasaki. "Eu era um pescador de rede de arrastão. A maior parte era peixe normal, mas, às vezes, vinha um grande como esse Cray."

É difícil de acreditar que ao entrar no Blue Mountain, em junho de 1999, Storm não soubesse que estava dentro de um computador desse porte. A única informação que ele conseguia visualizar como hacker é que estava dentro de um Cray. Isso até o dia em que Wanderley pai bateu na porta de seu quarto perguntando se ele conhecia alguma Kathleen Jackson. Storm começou a ligar os pontos.

Hackear computadores sempre foi uma diversão misturada com autoafirmação para Storm. Ele queria exibir suas conquistas como troféus para a comunidade de IRC e mostrar que, apesar de jovem, era capaz de ser um bom hacker. Para provar que tinha invadido um computador, por exemplo, o do MIT, ele simplesmente entrava no IRC via este computador, exibindo de qual domínio ele o estava acessando. Nesse caso, MIT.EDU.

A necessidade de ostentar que era muito bom, o melhor, sempre incomodou as pessoas ao seu redor. Como um raio em uma tempestade, Storm age de repente. E se algo estiver no caminho — mesmo que seja ele mesmo —, acaba chamuscado. Mas é também capaz de ficar dias apenas pensando, refletindo, contando piadas e falando de assuntos aleatórios. Todo tipo de tema vale, de filosofia a mitologia grega, passando por palavras cruzadas. Funciona como um exercício intelectual e válvula de escape emocional para que ele elabore seu próximo passo — seja uma estratégia de invasão ou a forma de lidar com sua segunda grande paixão, a família.

Aos dezessete anos, quatro anos antes de ser pego no Blue Mountain, Storm começou a namorar sério uma moça seis anos mais velha, Flávia. Ele e sua ex-namorada, Roberta, haviam acabado de terminar e Storm, deprimido, começou a desabafar com Flávia.

A família de Storm não foi exatamente a favor do namoro ao saber que Flávia estava criando uma agência de matrimônio on-line para todos os tipos de público — inclusive o LGBT, à época chamado apenas de GLS. Uma ousadia para a época, 1995. Flávia chegou a escrever uma carta para Waldeth, a mãe superprotetora, explicando que não ia roubar o filho dela e que sua própria mãe também tinha ficado preocupada quando ela começou a sair à noite.

Os dois haviam se conhecido na BBS Inside, onde Storm trabalhava. Eles gostavam de ficar acordados à noite. Storm achava que qualquer mulher que frequentasse os canais de IRC não poderia ser atraente — um preconceito comum na época — e não dava muita chance para Flávia, àquela altura recém-formada em psicologia. Nunca respondia aos pedidos dela para conversar. Mas, aos poucos, curioso e intrigado pela moça que tentava falar com ele, começaram a se relacionar. E descobriu que ela era bonita, que tinha sido bailarina e que todo mundo gostava de conversar com ela. Mas Flávia não gostou de Storm. Achou-o arrogante pessoalmente, o contrário da impressão que tivera nas conversas virtuais. A despeito disso, ela um dia o convidou para sair e, ao buscá-lo de carro na BBS, encontrou-o bêbado. Pouco tempo depois, estavam namorando apesar dos arroubos juvenis, do estilo exótico e do fato de Storm andar com uma arma de choque na cintura. O namoro durou dois anos e meio e terminou quando Flávia foi estudar na Bahia — uma separação que Storm demorou um bom tempo para digerir.

A imaturidade de Storm se estendia às invasões dos computadores. Ele só se deu conta do que tinha realmente feito ao invadir a Nasa quando conversou com Kathleen. Mas, se os pesquisadores do GSFC trataram o jovem hacker bem por acharem que ele fizera algo interessante, em Los Alamos a história foi diferente.

Caminhando pelo Laboratório Nacional de Los Alamos, Storm reparou que havia linhas coloridas no chão. No crachá em seu peito, tinha uma linha colorida também. Era uma indicação de por quais áreas cada pessoa podia andar — a do chão deveria ser a mesma do crachá. Storm não ousou quebrar a regra e nem tinha como. Havia sempre um funcionário de Los Alamos colado nele.

Durante dias, ele mostrou à equipe de segurança do laboratório quais computadores da instituição estavam vulneráveis e como, além de participar de cursos em segurança da informação. Mas nada de colocar os dedos em qualquer máquina. Foi terminantemente proibido por Kathleen.

"Viviam falando que eu tinha dado sorte de ter sido a Kathleen a me pegar, que se fosse outro seria muito pior. Militar, né? Tudo durão."

E poderia ter sido pior mesmo. Desde 1986, os Estados Unidos têm a Computer Fraud and Abuse Act (CFAA) — Lei de Fraude e Abuso de Computador —, que trata de crimes cometidos com auxílio de computador. Storm não foi enquadrado em nenhum crime, mas poderia ter sido, como aconteceu com Aaron

Swartz, o ativista da internet que se suicidou aos 26 anos, em 2013. Swartz estava sendo processado por promotores federais por ter usado uma conta do MIT para fazer o download de milhões de documentos do Journal Storage (JSTOR) — um sistema on-line de arquivamento de periódicos acadêmicos — e depois disponibilizá-los gratuitamente on-line para que qualquer um pudesse acessá-los. Os promotores pediram uma multa de 1 milhão de dólares, 35 anos de prisão e confisco dos bens de Swartz.

Ao embarcar de volta para o Brasil, Storm sentiu alívio. Os americanos haviam cumprido a promessa e ele estava retornando para casa sem nenhum problema. Mas ter sido pego por Kathleen não impediu que continuasse a praticar sua diversão preferida nas horas vagas. Só que o tempo estava cada vez mais curto. Os estudos de engenharia na Pontifícia Universidade Católica (PUC-Rio), onde cursava o quarto semestre, exigiam cada vez mais dele. Storm precisava tirar boas notas até o final daquele ano de 1999 para ter média suficiente para entrar na modalidade de engenharia que queria cursar — mecatrônica. Naquele tempo, a PUC-Rio usava um sistema no qual os alunos faziam matérias básicas nos dois primeiros anos — como matemática e física — e, ao final desse período, aqueles que tirassem as melhores notas escolhiam em qual modalidade de engenharia entrariam. E mecatrônica era a mais concorrida.

Storm também foi monitor no Laboratório de Engenharia de Algoritmos e Redes Neurais (LEARN), que trabalha na criação e implementação de algoritmos eficientes para aplicações avançadas, e no Laboratório de Máquinas Elétricas. Com o que viu na Nasa, propôs um projeto para automatizar o traçado de curvas de nível — nome técnico dado às linhas imaginárias que agrupam dois pontos que possuem a mesma altitude — que servem, por exemplo, para identificar se o relevo de uma área é acidentado, plano, montanhoso, íngreme. Até então, essas curvas eram feitas à mão por pesquisadores do Instituto de Matemática Pura e Aplicada (Impa), no Rio de Janeiro.

A linguagem de programação escolhida por ele para automatizar o traçado das curvas de nível, chamada "C", também não foi um acaso. O forte da linguagem é a eficiência, o que se adequava perfeitamente ao caso das imagens de satélite que exigiam um rápido processamento para ser transformadas em curvas. Meses depois, Storm usaria uma versão mais "avançada" dessa linguagem, a chamada "C++" (fala-se "C mais mais"), para escrever outro software que também analisava imagens rapidamente.

Storm, porém, nunca conseguia fazer uma coisa de cada vez e resolveu participar do movimento estudantil fazendo parte da chapa PUC2000, em 1999 liderada pelo estudante de direito Pedro Trengouse. Contra todas as expectativas, a chapa terminou sendo eleita para o DCE com a proposta de despolitizar o diretório e torná-lo uma ferramenta de desenvolvimento para os alunos. Uma de suas primeiras ações foi criar um diretório de pastas virtuais para acabar com o uso da xerox, digitalizando todos os arquivos distribuídos pelos professores; hoje isso pode parecer óbvio, mas na época não havia outra forma de se ter acesso a muitos textos acadêmicos que não fosse fazer uma cópia física deles. Bastava cada professor subir na sua pasta virtual os textos que iria adotar no curso e pronto: qualquer estudante podia acessá-lo. Storm criou toda a estrutura em poucos dias. Para o ano de 1999, foi uma revolução. O Google tinha sido lançado no ano anterior, um laptop era artigo de luxo e o iPhone demoraria ainda oito anos para aparecer.

O número de acessos ao site criado por Storm — o alunosdapuc.com.br — foi, em diversos momentos, maior do que o do próprio site da instituição. E a equipe liderada por Pedro montou uma redação de jornal dentro do DCE e uma área tecnológica para as pastas virtuais feita por Storm. O jornal *Espalha Fato*, por um tempo, teve uma tiragem maior do que o periódico da própria PUC-Rio, segundo Pedro. A decisão de despolitizar o DCE gerou atrito dentro da universidade e Pedro procurou apoio em seu professor de Introdução ao Direito, Romero Lyra, para seguir em frente — o mesmo que dava aula para engenheiros e com quem Storm, em breve, trabalharia.

Todos os alunos de engenharia tinham de fazer uma matéria eletiva, além de sua grade obrigatória, no semestre. Havia várias opções disponíveis e uma boa nota ajudaria Storm. Ele acabou cursando Direito na Informática, tirou dez e entrou em mecatrônica. Mas nunca sequer passou perto da aula do então professor da disciplina e promotor do Ministério Público do Rio de Janeiro, Romero Lyra.

O acordo que fez com o professor foi outro: Storm trabalhou em denúncias que Lyra havia recebido no Ministério Público e não sabia como proceder e, em troca, receberia os créditos. Ele não sabia das consequências que essa escolha teria para a vida dos dois. Do anonimato total, acabaram nas capas de jornais, revistas e na televisão pelo trabalho realizado na chamada Operação Catedral-Rio do Ministério Público do Rio de Janeiro, que identificou pedófilos em diferentes estados do Brasil e no exterior. As imagens e os vídeos que iriam ver nos próximos meses marcariam a vida dos dois para sempre. E jogaram o jovem hacker de classe média da Zona Sul do Rio de Janeiro em um universo que ele não imaginava que existia, deixando marcas profundas em sua visão do mundo.

"Eu passei a duvidar da humanidade das pessoas."

Operação Catedral-Rio

Há homens que lutam um dia e são bons, há outros que lutam um ano e são melhores, há os que lutam muitos anos e são muito bons. Mas há os que lutam toda a vida e estes são imprescindíveis.
Bertolt Brecht

Na madrugada de 22 de outubro de 1999, Lyra parou seu Corsa pick-up prateado na frente do prédio na rua Timóteo da Costa, no Alto Leblon. Começava a amanhecer. Storm abriu a porta, entrou e o carro partiu em direção ao número 370 da avenida Marechal Câmara, sede do Ministério Público do Estado do Rio de Janeiro, no centro da cidade. Minutos antes das cinco da manhã, entraram no estacionamento privativo do MP. Logo, Lyra e Storm dariam início à operação ultrasigilosa que havia tomado boa parte da vida dos dois nos últimos tempos. Lyra apertou o botão do quinto andar no elevador, onde fica o refeitório do prédio. Dias antes, havia requisitado à polícia e à chefia do Ministério Público Estadual que cedessem cem policiais — entre militares e civis — e cinquenta promotores de justiça para estarem no refeitório às cinco da manhã em ponto. A escolha do local foi feita após cuidadosa reflexão. Para usar o auditório do MP, Lyra precisaria fazer um pedido oficial, e dados da operação poderiam vazar. O refeitório pareceu a escolha mais lógica. Não precisaria de autorização para uso e, dada a hora, não esbarrariam com outros servidores do MP.

Lyra acendeu as luzes, olhou para os bancos vazios e esperou. Pontualmente, às cinco da manhã, os policiais e promotores foram chegando e se sentando. Lyra fez um resumo da operação e começou a distribuir os envelopes que tinha em mãos. A cada grupo de três pessoas (dois policiais e um promotor) que recebia o material, ele orientava:

— Abram o envelope apenas quando estiverem no carro.

Cinquenta envelopes depois, todos desceram até o térreo e foram para os fundos do prédio onde cinquenta carros descaracterizados os esperavam. Entraram e seguiram a orientação de Lyra: abriram os envelopes. Em 31 deles constavam o mandado judicial, nome e endereço dos alvos; nos dezenove restantes, o endereço do Núcleo de Perícias da Polícia Militar do Estado do Rio de Janeiro para aguardar a chegada do material apreendido ou a designação como equipe de apoio para situações extraordinárias, como prisões em flagrante.

No carro de Lyra ficaram dois envelopes e o jovem de 21 anos baixinho, magro, com longos cabelos rebeldes, sobretudo e óculos escuros Storm. Nos dois endereços, os piores casos: abuso de bebês na Zona Sul do Rio de Janeiro.

Começava a operação Catedral-Rio de combate à pedofilia na internet que mudaria para sempre as investigações de crimes on-line no Brasil.

Na viatura, um filme passou na cabeça de Lyra. Dois anos antes, no final de 1997, ele havia recebido as primeiras denúncias de pais relatando que seus filhos estavam sendo assediados na internet. Preocupado, mas sem saber exatamente o que fazer, Lyra começou a falar com colegas promotores e juízes sobre o tema. Invariavelmente, recebia como resposta que "crime virtual não existe, só existe crime no mundo real". Insatisfeito, recorreu às polícias civil, militar e federal, mas o máximo que conseguiu foram olhares entre a pena e o descrédito reservado aos malucos. Não tinha, porém, intenção de desistir.

Em 1998, os números de pedofilia na internet já assustavam as autoridades do mundo inteiro. Apenas nos Estados Unidos foram relatados 3 mil casos suspeitos de abuso de crianças on-line. Um número chocante baseado apenas nas dicas dadas por cidadãos ao US-based National Center for Missing and Exploited Children (NCMEC), a agência central de denúncias norte-americana.

Dois anos antes, em 1996, na cidade de Greenfield, Califórnia, nos Estados Unidos, a pequena Allison de dez anos foi dormir na casa de uma amiga da escola em uma festa do pijama. No meio da noite foi pega por Ronald Riva, pai da coleguinha, levada para o escritório da casa e seu estupro foi transmitido ao vivo para a diversão macabra dos pedófilos de um clube batizado The Orchid Club. Logados na internet em países como Austrália, Canadá, Estados Unidos e Finlândia, os membros do grupo assistiam pela webcam do computador de Riva as ações contra Allison e enviavam mensagens dirigindo os abusos.

Riva possivelmente teria passado despercebido pelas autoridades não fosse a denúncia de tentativa de abuso de outra menina. O pedófilo acabou preso juntamente com seu computador. Nele, a polícia americana encontrou um e-mail que levou as investigações ao outro lado do Atlântico. E, em outubro de 1997, a polícia inglesa prendeu o especialista em informática Ian Baldock na pacata cidadezinha à beira-mar de St. Leonard's, ao sul de Londres. Em seu computador, mais de 42 mil imagens de pedofilia. E um sinal de alerta: seis dias antes de ser capturado pela polícia, Baldock havia distribuído 1642 delas para dezessete pessoas, todas parte de uma rede altamente hierarquizada e organizada de pedófilos, o The Wonderland Club.

Este grupo, que escrevia seu nome na internet como "w0nderland" — com um zero no lugar da letra "o" para dificultar o rastreamento pela polícia —, tinha regras bem estritas. Para entrar era preciso fornecer 10 mil imagens originais de pornografia infantil e passar pela avaliação de um comitê liderado por um "chairman". Na cidade de Stockport, na Grande Manchester, a quatro horas de carro ao norte de Londres, a polícia encontrou Gary Salt, o "chairman". Motorista de táxi, Salt era um herói entre o grupo, pois não apenas distribuía, também fazia vídeos de si mesmo abusando das crianças e os enviava para outros membros do w0nderland. Com ele foram encontradas mais de 20 mil imagens de pornografia infantil.

Nove meses depois, em julho de 1998, a equipe que investigava o w0nderland voou até o US Customs Cyber Smuggling Center, nos Estados Unidos. Na mão, uma lista com noventa americanos suspeitos de pertencerem à rede de pedofilia. Um deles, a polícia americana descobriu mais tarde, também era um membro importante na hierarquia da w0nderland: Scott Ahlemeier, da cidade de Saint Charles, no Missouri. Da mesma forma que Salt, ele fotografava, filmava, distribuía e praticava abusos específicos a pedido de outros pedófilos, membros do grupo. Em mais dois meses, em 2 de setembro de 1998, a polícia inglesa deflagrou a Operação Catedral, uma ação simultânea com mais de 1500 policiais de treze países com mandados de prisão contra 104 suspeitos de pedofilia na Alemanha, Austrália, Áustria, Bélgica, Escócia, Estados Unidos, Finlândia, França, Inglaterra, Itália, Portugal, Noruega e Suécia. Após meses de análise nos mais de cem computadores apreendidos, a equipe chegou ao terrível número de 750 mil imagens, 1800 vídeos e milhares de sons terríveis.[1]

Na mesma época, em outubro de 1998, a jornalista brasileira Marta Serrat recebeu um telefonema de seu filho Pedro, então com dezessete anos. Assustado, ele estava em uma sala de bate-papo na internet e recebeu de uma pessoa chamada "Bob" imagens de crianças sendo abusadas. Apavorada, Marta foi para casa ver o que estava acontecendo. Já tinha vivido uma experiência aterrorizante aos sete anos: havia sido abusada por um conhecido da família na cidade em que nasceu, São Gonçalo do Sapucaí, no interior do Rio de Janeiro. Marta nunca esqueceu o que passou, mas somente adulta conseguiu falar sobre o trauma com o então marido. Decidiu que não deixaria a história se repetir e educou os filhos para reconhecerem qualquer tentativa de abuso. Mas daí a conseguir denunciar "Bob" foi uma longa e tortuosa caminhada. Primeiramente, procurou diversas instâncias do poder judiciário e das polícias militar, civil e federal e descobriu que ninguém sabia investigar um crime eletrônico. Internet era um bicho de sete cabeças para a maioria dos brasileiros, inclusive para boa parte das autoridades que deveriam estar capacitadas para confrontar esse tipo de situação. Uma matéria no jornal *O Globo* mostrando o caso de Marta em 14 de março de 1999 expôs a situação publicamente e a mesa de Romero Lyra, que já vinha recebendo os primeiros casos de pedofilia on-line, começou a receber mais e mais casos.

Inconformada, Marta continuou a buscar uma forma de realmente denunciar "Bob", até que achou no site do FBI um canal de denúncia. Escreveu toda a história do que havia acontecido e enviou para eles. Pouco tempo depois, o agente especial Cary Espinoza ligou para Marta pedindo mais detalhes do ocorrido e que ela enviasse por correio todas as informações que tinha sobre o pedófilo. Àquela altura, Marta já havia assumido a conversa com o criminoso no lugar do filho e coletara dezenas de informações. Espinoza veio então ao Brasil para procurar o pedófilo. Novamente *O Globo* fez uma matéria sobre o tema, aumentando ainda mais o número de denúncias de pedofilia na mesa de Romero.

Espinoza entrou em contato com Romero, que continuava lutando para não deixar as denúncias que havia recebido morrerem. E, apesar da resistência de seus colegas de MP, resolveu espalhar nos murais da PUC-Rio, onde era professor, o pedido para um assistente técnico: um hacker "do bem" para proteger crianças e adolescentes. Mas ele não queria qualquer um, queria o melhor de todos, pois do outro lado havia pessoas da pior espécie. E era urgente.

De tanto perguntar, recebeu um nome: Wanderley José de Abreu Junior, então aluno do segundo ano de engenharia na mesma universidade onde lecionava. Foi assim que acabou recrutando-o. Não sem antes perguntar se o jovem hacker seria capaz de rastrear os endereços dos computadores que estavam transmitindo as imagens e vídeos de pedofilia. Storm apenas respondeu: sim, agora. E começou a rastrear o pedófilo Bob, terminando por descobrir que o nome dele não era esse e que nem era americano; era um alemão chamado Carl que trocava imagens com os pedófilos do Wonderland Club.

Lyra encontrou em Storm o parceiro ideal. A impaciência da dupla com pessoas que falam demais e pouco agem deixou marcas no MP do Rio de Janeiro. Uma promotora, hoje desembargadora, quis saber quão segura era a rede de computadores da instituição. Em cinco minutos, Storm já tinha uma lista com todos os logins e senhas dos membros do MP, incluindo os de Lyra. Incomodado, outro membro da instituição quis prender Storm por invasão cibernética. Quem respondeu foi Lyra:

— Vamos é prender o responsável pela segurança da nossa rede. O estilo "vamos resolver isso agora e não vem que não tem" se repetiu na caça aos pedófilos. Lyra entregou a Storm seu próprio computador e pediu para usá-lo ao contatar pedófilos, fazendo-se passar por um deles. E depois sugeriu que Storm rastreasse as máquinas dos pedófilos a partir de computadores oficiais do Ministério Público. Não sem antes contratar o jovem como chefe da equipe técnica de investigações eletrônicas do MP, evitando assim que pudesse ser processado por posse de imagens e vídeos de pedofilia.

Mas havia um problema maior a ser resolvido: não havia, na época, uma lei que desse amparo legal a Lyra na luta contra esse crime no âmbito virtual. Um pesadelo jurídico que só não superava os sentimentos que atravessavam Storm nas longas noites e madrugadas que passava trocando mensagens com pedófilos, pedindo que lhe enviassem fotos e vídeos. Uma visão que até hoje, mais de vinte anos depois, assombra Storm.

Storm é notívago. Sempre foi. Antes do meio-dia é difícil encontrá-lo acordado e de bom humor. Atualmente, a vida de CEO da Storm Security o obriga, muitas vezes, a estar presente em reuniões pela manhã, mas as pessoas mais próximas sabem que o mais prudente é evitar temas difíceis nesse período do dia. O sono o deixa irritado e ele é conhecido por ficar muito abrasivo se ouvir algo que julgue intelectualmente estúpido; e não importa se o interlocutor é o CEO de uma outra empresa ou um amigo. As únicas exceções são o filho e o pai, seus dois grandes amores. Na relação com eles, moram suas emoções mais profundas. E Storm cede lugar ao Junior, o menino tímido e sensível.

Nas longas noites dentro do prédio do MP caçando pedófilos, Storm e Junior tiveram, pela primeira vez, de se confrontar. De um lado, o hacker agressivo; de outro, o ser humano emocionalmente delicado que mora dentro de Wanderley José de Abreu Junior. Aos 21 anos, Storm se achava imortal e invencível, mas as imagens e os vídeos com os quais iria se deparar nos meses seguintes o levariam a encarar o lado mais sombrio da alma humana e confrontar as próprias fragilidades.

Depois das dez da noite, a mente de Storm está no seu ponto mais alto. Passou várias madrugadas à base de Big Bob e milk-shake de Ovomaltine enquanto trabalhava usando nomes como Liam. Nas conversas, Storm incentivava os pedófilos a mandarem imagens e vídeos das crianças abusadas, fingindo-se aliado deles. Nos diálogos, eles relatavam o prazer que tinham em ver as crianças sofrerem, berrarem, enquanto cometiam as maiores atrocidades. "Você não acredita que um ser humano possa fazer isso. Está no limite da crueldade. A raiva que eu sinto com essa história é indescritível", lembra Storm, que criou mais de cem diferentes personalidades on-line para lidar com pedófilos. Se passou por criança, mulher, adolescente, de tudo um pouco. E havia dias muito difíceis. O nível de abuso podia alcançar patamares inimagináveis. Storm viu crianças sendo torturadas e abusadas sem poder agir na hora. Precisava reunir provas para que o MP pudesse denunciar aquelas pessoas, o que geraria uma autorização judicial para que a polícia apreendesse os computadores delas, para só então processá-las criminalmente.

Quanto mais Storm e Romero avançavam nas investigações, mais as ameaças de morte se multiplicavam. Após uma noite de trabalho, quando saía para tomar um café perto do Ministério Público, um jovem se aproximou e perguntou se ele era o Wanderley Abreu Junior. Storm respondeu que sim e ouviu do jovem que era melhor tomar cuidado, que tinha muita gente atrás dele. Tonto de sono e irritado, Storm mandou o rapaz tomar no cu, continuou andando e foi tomar café. Desse dia em diante, Romero designou uma equipe de segurança para andar com Storm, temendo que algo pudesse acontecer a ele.

Dias depois, sentado no banco de passageiro do Honda Civic do pai, Storm ia para casa quando o trânsito parou no cruzamento das ruas Prudente de Morais e Vinicius de Moraes, em Ipanema. Um jovem bateu com a coronha da arma no vidro de Wanderley pai, que o olhou assustado. Na segunda batida com a coronha, houve uma saraivada de tiros e o jovem caiu morto no chão. A equipe de segurança da Promotoria designada por Romero estava em um carro atrás de Storm e seu pai. Até hoje Storm acredita que foi uma coincidência, uma tentativa de assalto, que nada tinha a ver com a Operação Catedral-Rio. Mas o susto ficou e até hoje ele se lembra da quantidade de sangue que viu naquele dia.

A pressão era maior para Romero, que, com mulher e dois filhos pequenos, sofria com ameaças contra toda a família. Como já tinha recebido todo tipo de intimidação, não ficou surpreso com uma ligação anônima em seu ramal na Promotoria — e na época não existia identificador de chamadas. A voz do outro lado da linha disse: "É o promotor Romero? Se você não parar com essas investigações, vai chorar lágrimas de sangue, seu FDP!". E desligou. Durante a carreira de promotor, as ameaças foram muitas e de todos os tipos. Certa vez recebeu uma carta com a foto de uma cova aberta e os dizeres "É aqui que vamos te colocar se você não parar com as investigações que estão nos jornais".

Para o MP, não bastava registrar as conversas com os pedófilos, obter a identidade deles e reunir as imagens ou os vídeos que enviassem. Era preciso provar que aquela pessoa que aparecia on-line era uma pessoa real. As conversas ocorriam por IRC, e Storm conseguia enxergar por qual provedor (forma de acesso à internet utilizada na época) o pedófilo estava acessando a rede e também ver seu IP — número que identifica um computador na internet. Com os dois dados, ia com Lyra ao provedor e perguntava qual login e senha estava acessando a internet naquele dia e hora e qual era o endereço físico correspondente. Nem sempre os administradores dos provedores se dispunham a entregar os dados. Em uma ocasião, o gerente de um grande provedor do Rio de Janeiro saiu algemado da sede da empresa por ter se negado a informar um endereço físico requisitado por Lyra.

O trabalho não tinha hora para começar nem terminar. Storm trabalhava de dia, de tarde, de noite, de madrugada. Parte do tempo era acompanhado por Lyra, mas, além de ter dois filhos pequenos, o promotor acumulava outros casos criminais e, muitas vezes, simplesmente saía da sala para respirar e tentar dar conta das imagens a que tinha acesso. Storm até hoje não processou o que viu.

Os pesadelos com crianças sendo abusadas e pedófilos produzindo e distribuindo os vídeos continuam. Uma situação que se agravou quando, com peritos do Instituto de Criminalística Carlos Éboli (ICCE), fez a perícia das máquinas apreendidas. Cabia a eles mostrar que o computador que havia enviado a imagem, ou o vídeo, era de fato aquele que tinham em mãos, e que a imagem, ou o vídeo, era a mesma que Storm havia recebido nas conversas com os pedófilos. E não havia outra forma de fazer isso senão vendo as imagens e assistindo aos vídeos. Uma tarefa insana, que durou meses. Eles analisaram mais de cem computadores e periciaram mais de 100 mil imagens de abuso de crianças e adolescentes.

No total, Storm identificou duzentos pedófilos ao longo da investigação. Apenas 27 estavam na jurisdição do Ministério Público do Rio de Janeiro. O restante estava em outros estados do Brasil ou no exterior, então não tiveram seus computadores apreendidos, embora Romero tenha notificado as autoridades competentes desses outros locais.

Storm, porém, é também distraído. Andar de carro com ele é uma experiência e tanto — ele sabe disso e dirige devagar, para poupar seus companheiros de jornada. E não pergunte onde colocou a carteira. Ele nunca tem ideia. Essa falta de atenção gerou situações inusitadas. Durante o período de análise dos computadores apreendidos na Catedral-Rio, Storm fazia cópias criptografadas dos arquivos em seu laptop para ter uma segurança extra. Numa dessas, foi aos Estados Unidos participar de um evento sobre o Digital Millennium Copyright Act[2] e levou seu laptop. O detalhe é que era obrigatório registrar o computador na Polícia Federal brasileira antes de sair do país para que a pessoa, na volta, pudesse provar que não havia comprado o eletrônico no exterior. Pois, para entrar no Brasil com um computador novo, era preciso pagar o imposto de importação caso o valor da máquina fosse maior do que 500 dólares, e um laptop topo de linha como o IBM Thinkpad 770Z, lançado em 1999, custava a bagatela de quase 5 mil dólares.[3]

Enfim, Storm não seguiu o protocolo e não deu outra: foi parado. Sem o comprovante de que era proprietário do laptop, a situação complicou. O fiscal da alfândega quis apreender o laptop. Storm disse que trabalhava no Ministério Público do Rio de Janeiro e que o aparelho continha informações confidenciais, protegidas nos termos da lei. Não convencido, o fiscal reforçou que, sem documento, o laptop ficaria na alfândega até o pagamento do imposto ou a apresentação da nota fiscal mostrando que havia sido comprado no Brasil. Storm propôs — e, ele garante, com cordialidade — sair com o laptop e apresentar a nota fiscal no dia seguinte. Inabalável, o agente da lei apenas reafirmou o que já havia dito. Storm, com a paciência esgotada, cravou que se algo acontecesse com aquele laptop haveria um problema enorme, pois continha imagens que faziam parte de uma investigação do

Ministério Público. O fiscal apenas deu de ombros e repetiu o mesmo texto.

E foi assim que um laptop com milhares de imagens e vídeos de pedofilia pernoitou no aeroporto do Galeão. No dia seguinte, Romero, Storm e meia dúzia de policiais voltaram ao aeroporto para resgatar o computador. E paciência não foi exatamente a tônica do dia. Storm tem viva na memória a irritação do chefe com a história e o tamanho do susto da equipe da Polícia Federal do aeroporto com a chegada deles na superintendência da PF no Galeão. O diálogo foi na linha "se esse computador não ligar por qualquer motivo que seja, se ele tiver sido modificado, vai ficar ruim". Com a máquina em mãos, Storm ligou o aparelho e, para alívio de todos, deu tudo certo.

A luta contra a pedofilia, porém, também tinha seus reveses. Em um deles, Storm rastreou os computadores de um cônsul de um país amigo do Brasil. As máquinas do cônsul e de uma pessoa ligada a ele foram apreendidas. Pouco depois, Storm recebeu um telefonema. A voz do outro lado da linha disse que ele tinha de entregar os computadores. Storm respondeu que aquilo não cabia a ele, pois as máquinas estavam sob custódia. A resposta foi apenas: "você vai entregar". Na sequência, duas pessoas ("do tamanho de um armário", segundo Storm) chegaram e levaram os computadores. Foi a última vez que ele viu aquelas máquinas com imagens e vídeos de meninos e meninas com o cônsul daquele país. E o cônsul nunca foi punido em terras brasileiras. Usou sua imunidade diplomática e escapou pelo aeroporto do Galeão.

Um problema semelhante aconteceu com o processo judicial da Operação Catedral-Rio. Em 27 de julho de 2000, o desembargador relator dr. Eduardo Mayr, do Tribunal de Justiça do Rio de Janeiro (TJ-RJ), acatou o habeas corpus em nome de um suposto pedófilo para trancar a ação penal oriunda da Operação Catedral-

-Rio. No pedido, os advogados Nilo Batista, Cláudio Costa, André Nascimento e Carlos Arthur Costa diziam literalmente que:

> Divulgar não é publicar: quem publica, divulga, certamente; mas nem todo aquele que divulga, publica. A divulgação pode ser por qualquer forma, até oral, mas a publicação não prescinde da existência de objeto material corpóreo.
>
> Assim é que a transmissão pela internet e por solicitação ministerial de imagens pornográficas envolvendo crianças ("kids"), pré-adolescentes ("pre-teens") e adolescentes ("teens"), enquanto não definida adequadamente como crime, é conduta atípica, não se podendo afirmar infratora do disposto no art. 241 do ECA.[4]

Marco legal e regulatório dos direitos humanos de crianças e adolescentes, o Estatuto da Criança e do Adolescente (ECA) foi instituído em 1990. Essa conquista social conferiu a eles, pela primeira vez no Brasil, direitos e garantias fundamentais. Porém, nesse caso específico, não funcionou como deveria. O artigo 241 dizia que era crime fotografar ou publicar cena de sexo explícito ou pornográfica envolvendo criança ou adolescente. Nenhuma palavra sobre internet, apesar de já ser público e notório que havia pedofilia na web.

Após a Catedral-Rio I, Storm dedicou-se a desenvolver um software para facilitar a busca on-line de possíveis imagens e vídeos de abuso, o Neuroscan, que seria usado na Operação Catedral-Rio II.

Naquele momento, imagens e vídeos de abuso de crianças e adolescentes se espalhavam cada vez mais depressa pela internet e Storm concluiu, corretamente, que a única forma de rastrear as imagens com rapidez seria usar um programa que buscasse rostos e os marcasse como sendo de potenciais abusadores, para posterior análise de uma pessoa.

Havia, porém, um problema técnico aparentemente intransponível: para fazer o rastreamento eram necessários computadores muito potentes, capazes de processar milhares de imagens, algo que nem Storm nem o Ministério Público tinham como providenciar de um dia para o outro. Levaria meses, provavelmente mais de um ano, para conseguirem comprar um computador desse porte, e o custo seria de milhões de reais. Mas, na Nasa, Storm havia feito diversos *test beds* — métodos para testar um componente específico de software de maneira isolada —, injetando falhas em satélites por meio de uma técnica conhecida como aglomerado Beowulf. E, com ela, Storm resolveria o problema da falta de um supercomputador.

Em 1993, o mundo da computação tinha um problema. De um lado havia os supercomputadores, capazes de processar milhões de informações por segundo a um custo de milhões de dólares. De outro, uma enxurrada de dados vindos de, por exemplo, pesquisas espaciais que necessitavam de supermáquinas cada vez mais potentes. Construir um supercomputador demorava anos, mas dados das mais diversas fontes chegavam sem parar e se acumulavam. O cientista de computação Thomas Sterling e o programador Donald Becker, ambos trabalhando no Goddard Space Flight Center, tiveram então a ideia de conectar computadores pessoais em uma rede capaz de processar informações em paralelo. Era uma forma de dar o poder de um supercomputador a computadores que podiam ser comprados por qualquer um. O conceito era simples. Um computador pessoal comandaria e organizaria o trabalho de outros computadores pessoais. Simples de dizer, difícil de fazer.

No ano seguinte, 1994, nascia o primeiro aglomerado Beowulf. Quatro anos depois, em 1997, Sterling, Becker, juntamente a Michael S. Warren e M. Patrick Goda, do Laboratório Nacional de Los Alamos; John K. Salmon, do Instituto de Tecnologia da California; e Gregoire S. Winckelmans, da Universidade Católica de Louvain, ganharam o prêmio Gordon Bell, a honraria máxima em supercomputação, pelo trabalho do aglomerado Beowulf. O computador construído por eles, batizado humoristicamente de Loki — o meio-irmão de Thor na mitologia nórdica —, fizera dezesseis PCs trabalharem juntos e era capaz de rodar programas que apenas outros três supercomputadores da GSFC conseguiam. Com uma *sutil* diferença de valor para construí-lo. Loki custou 50 mil dólares, enquanto o mais barato dos supercomputadores bateu na casa dos 580 mil. Apenas onze vezes mais...

Com o aglomerado Beowulf na cabeça, Storm então escreveu os programas com os computadores de mesa que o MP tinha. E o programa rodou sem grandes sustos. Mas não se pode dizer o mesmo dos resultados obtidos, que, em 2 de fevereiro de 2001, acabaram levando à apreensão de computadores em locais inesperados.

Naquela manhã, foi deflagrada a Operação Catedral-Rio II com uma equipe de dezoito promotores de Justiça e cinquenta policiais (civis e militares). Um dos endereços de apreensão era o do órgão responsável pela execução da política governamental de captação, guarda, preservação e difusão da produção intelectual do país.

A Biblioteca Nacional remonta aos tempos da vinda de dom João VI e da família real (1808), quando caixotes de livros e documentos da Biblioteca Nacional da Ajuda, de Lisboa, ao todo cerca de 60 mil peças, deveriam ter sido embarcados para o Brasil. A vinda, porém, não aconteceu naquele momento, mas apenas em 1810. E assim foi fundada a Real Biblioteca, atual Fundação Biblioteca Nacional. Hoje, a instituição conta com um acervo de aproximadamente 9 milhões de itens e é considerada pela Unesco

(Organização das Nações Unidas para a Educação, a Ciência e a Cultura) uma das principais bibliotecas nacionais do mundo. E foi nela que a equipe da Operação Catedral-Rio II apreendeu não um, mas dois computadores com imagens de pedofilia.

No total, a Catedral-Rio II apreendeu quinze computadores em nove endereços na capital do Rio de Janeiro e no interior do estado.

Já a ação penal da Catedral-Rio I ficou trancada até que, em 2005, chegou à 3ª instância da Justiça Brasileira, o Superior Tribunal de Justiça. Lá, a decisão do TJ-RJ foi revertida, mas um novo recurso, desta vez ao Supremo Tribunal Federal (STF), fez com que a ação ficasse adormecida até 2007, ano em que a pena dos acusados prescreveu sem que ninguém tenha sido preso pela produção e distribuição de imagens pornográficas de crianças na internet.

Na Operação Catedral Rio II não foi diferente.

Storm até hoje não gosta de falar sobre o tema. É um dos raros assuntos do qual praticamente se nega a comentar. Responde apenas sim ou não e fica visivelmente perturbado. Nunca quis saber o resultado da Operação Catedral-Rio I ou II no âmbito jurídico. Apenas vinte anos depois descobriu que a Operação Catedral-Rio I havia adormecido no STF; e teve uma explosão de raiva histórica contra a justiça brasileira que ficou guardada na memória de quem a ouviu. E toda vez que olha em retrospectiva suas ações nesse período, tem sentimentos contraditórios.

"Eu não sabia onde estava me metendo. Mas, depois que vi a primeira imagem de abuso, decidi que precisava ficar. Eu tinha as habilidades necessárias e aquilo se tornou uma missão. E missão dada é missão cumprida. Se eu faria novamente sabendo de antemão o que iria encontrar e as consequências que isso teve na minha vida? Eu acredito que sim. Por heroísmo? Não, mas porque tinha de ser feito."

Porém, não havia apenas figuras anônimas envolvidas com pedofilia. Em 2001, a equipe de jornalismo investigativo do jornal *The Boston Globe* revelou uma série de abusos cometidos por padres da Igreja católica, acobertados pela cúpula da instituição durante décadas com transferências de uma paróquia para outra. Em 2019, o bilionário americano Jeffrey Epstein, preso sob a acusação de comandar uma rede de exploração sexual de menores, se suicidou em uma prisão americana, uma história que deixou marcas profundas em instituições acima de qualquer suspeita, como o Massachusetts Institute of Technology (MIT) e a Universidade de Harvard, quando Joi Ito, então diretor do Media Lab do MIT e professor da Harvard Law School, teve de se demitir de seus cargos devido às suas ligações pessoais e profissionais com Epstein.

Storm aprendeu a atirar durante sua passagem pelo Centro de Preparação de Oficiais da Reserva do Rio de Janeiro (CPOR-RJ), quando prestou serviço militar aos dezoito anos e continuou a se aperfeiçoar na época da Operação Catedral-Rio. Não exatamente por gostar, mas devido às ameaças de morte que recebeu durante a investigação e nos anos seguintes a ela. Por muitos anos, andou armado por medo de um atentado. Mas até hoje se sente desconfortável com a situação. E bastante preocupado.

Mesmo não conseguindo levar a cabo a prisão dos pedófilos nas Operações Catedral-Rio I e II, as consequências do trabalho realizado por Romero e Storm levaram à mudança do ECA em 2003, em especial do artigo 241, que passou a dizer:

Apresentar, produzir, vender, fornecer, divulgar ou publicar, por qualquer meio de comunicação, inclusive rede mundial de computadores ou internet, fotografias ou imagens com pornografia ou cenas de sexo explícito envolvendo criança ou adolescente.[5]

Na mesma época, a polícia começou a investir na qualificação de seus membros para combater a pedofilia on-line. E o professor deles foi Storm. Ele passou a dar as aulas de computação para membros das forças de segurança brasileiras e participou da estruturação do braço de investigações eletrônicas dos MPs de diversos estados.

Com base na nova redação do ECA, Romero chegou — após Storm tê-lo rastreado — até um dos casos mais escabrosos de suposta pedofilia, um morador do setor de mansões de Taguatinga, em Brasília, Distrito Federal. Ele foi preso na própria casa em abril de 2005 por divulgar material pornográfico envolvendo crianças pela internet. A operação contou com a ajuda de uma mulher do Rio de Janeiro que, durante seis meses, fingiu estar interessada em crianças e conseguiu fazer com que ele enviasse fotos e vídeos, que depois foram repassados ao Ministério Público do Rio de Janeiro. O caso acabou no programa dominical *Fantástico*, da Rede Globo, no qual a mulher — que se manteve no anonimato — conta que descobriu, após algum tempo conversando com o arquiteto, que ele gostava de crianças de quatro a cinco anos, mas tinha tara pelas de três anos. E mais, ele admitiu, usando apenas as iniciais do seu nome (C.S.), manter relações sexuais e espancar crianças. Nas palavras dele no chat: "Adoro bater nelas, deixar com medo, entende?".[6]

Levado ao Rio de Janeiro para responder a cinco processos por disseminação de material pedofílico, o arquiteto ficou preso menos de dois meses. Um mandado de segurança impetrado por sua defesa surtiu o efeito desejado. "A unanimidade, em questão de ordem, decidiu extinguir o processo nos termos do voto do relator. Expeça-se alvará de soltura."

Apesar da mudança na lei e da intensa luta de dezenas de entidades e governos pela proteção de crianças e adolescentes, em 2019, no Brasil, foram feitas quase 50 mil denúncias anônimas de pornografia infantil na internet. Já nos Estados Unidos, o NCMEC recebeu, em 2018, mais de 18 milhões de casos suspeitos de abusos on-line, um aumento de 6 mil vezes em relação a 1998.

O combate à pedofilia on-line no Brasil, porém, nunca mais foi o mesmo após o trabalho pioneiro de Romero e Storm. Nas palavras de Romero, hoje aposentado e vivendo nos Estados Unidos: "Existe uma internet no Brasil antes de Wanderley José de Abreu Junior e outra depois. Ele tem mérito não apenas por ter identificado esses pedófilos, mas também pela forma como fez isso: sem receber nada".

Bug do Milênio

Eppur si muove.

Galileu Galilei[1]

Conforme o ponteiro dos minutos se aproximava da meia-noite do 31 de dezembro de 1999, os olhos do mundo se voltaram para a tela dos computadores. Ninguém tinha certeza se uma técnica criada na década de 1960 para economizar memória poderia causar uma hecatombe mundial, impedindo que os computadores reconhecessem que o ano 2000 vinha depois do ano 1999. Era o chamado Bug do Milênio, ou simplesmente Y2K.

A questão era a seguinte: o uso de diferentes sistemas computacionais a partir da década de 1960 fez com que fosse necessária a adoção de padrões para garantir a compatibilidade entre os hardwares e seus respectivos softwares. Uma das decisões tomadas pelos projetistas foi de que as datas dos anos seriam armazenadas com dois dígitos, em vez de quatro, fazendo com que 1999 fosse apenas 99 e 2000 somente 00.

Parece uma bobagem pensar nesse tipo de economia no século

XXI, mas naquela época a diferença entre escrever uma data em oito bytes (01/05/1999) e em seis bytes (01/05/99) era de milhares de dólares. Para completar a gambiarra, os computadores assumiam que os dois primeiros dígitos do ano eram "19", fazendo com que na hora da virada de 99 para 00 saíssemos do ano de 1999 para o ano de 1900. Ia ser difícil explicar para os clientes dos bancos que os juros de uma aplicação haviam se tornado negativos entre o dia 31 de dezembro de 1999 e o dia 1º de janeiro de 2000 porque os computadores entenderam que a data era 1º de janeiro de 1900.

No banco de origem holandesa ING, a pressão recaía em cima de Ney Doria Junior, responsável pela área de segurança da informação. Em uma conversa com um colega, Doria, então com 26 anos, ouviu falar de um moleque de 21 anos chamado Wanderley, famoso por resolver esse tipo de problema. Consultado, Storm respondeu: "É tranquilo". Obviamente a situação não era nada tranquila. Ney havia dado a Storm não apenas a missão de testar o bug do milênio nos computadores do ING no Brasil, mas também de fazer o upgrade do firewall — que protege contra a entrada de programas nocivos ao computador —, a auditoria dos equipamentos (verificar se estavam aptos a encarar o século XXI) e os chamados testes de estresse para ver se não aconteceria nada estranho na virada de 1999 para 2000.

Storm achou o trabalho tão simples que propôs a Ney enviar uma pessoa que trabalhava com ele até a sede do banco, em São Paulo. Ouviu um sonoro não de Ney, que afirmou com todas as letras que estava contratando o cérebro de Storm, e não a empresa dele. E a decisão se mostrou acertada quando, em um sábado de agosto de 1999, o upgrade do firewall travou no meio da atualização após rodar suavemente por nove horas. O erro não deixava a atualização ir em frente. Ney, preocupado, encarou Storm com um olhar de interrogação. Ouviu novamente: "É tranquilo". As pessoas que lidam mais de perto com Storm aprenderam, ao longo dos anos, a entender sua forma singular de se comunicar. A expressão "é tranquilo" não significa que ele sabe resolver o problema, mas que tem uma estratégia em mente. E a frase também não diz nada sobre o tempo que ele precisará para pôr um ponto final na questão.

Como já era tarde, Ney decidiu apresentar para Storm o clássico paulistano, o sorvete Farofino do restaurante América — sorvete de chocolate, morango ou creme com farofa crocante de castanhas, cobertura de chocolate e chantilly. Storm cravou o sabor morango e até hoje Ney tira sarro dele pela escolha inusitada para os padrões paulistanos. Devidamente alimentado, Storm resolveu o problema às três da madrugada de sábado para domingo. No mesmo período — agosto — Storm ainda caçava os pedófilos sob a coordenação de Romero na Operação Catedral-Rio. A verdade é que a demanda de trabalhos não parava de aumentar, o que levou Storm a montar uma empresa com um colega da faculdade.

Walter de Sá Cavalcante é um sujeito simpático. Formado em direito, conheceu Storm quando os dois cursavam a PUC e participavam do DCE. O parceiro ideal para uma empresa. A Storm Development, com os dois como sócios, foi oficialmente criada em 2000, apesar de Storm já ter diversos trabalhos em andamento. Walter cuidava dos negócios, Storm da parte técnica. Mas não foi fácil. O objetivo era vender segurança da informação, mas o que pagava as contas da empresa era o desenvolvimento de sites. Naquele momento, Storm já era uma figura conhecida por conta das matérias dos jornais e da capa da *Veja Rio* (22 a 28 de maio de 2000), em que apareceu com um mouse na mão e os dizeres "Hacker do bem" e "Guardiães da Rede", uma referência à Operação Catedral-Rio.

Apesar do respeito angariado, Storm enfrentava dificuldades para convencer as empresas do valor dos serviços de segurança da informação. Parece insano afirmar que há pouco mais de vinte anos pouquíssimas pessoas pensavam em proteger seus dados no mundo digital. Mas o fato é que ninguém entendia direito os riscos da era que estava nascendo, apesar dos sérios indícios de que ela traria questões que chacoalhariam o mundo real.

Caso do inglês Nick Leeson, que, em 1995, quebrou sozinho seu empregador, o tradicional banco de investimentos Barings, ao errar em apostas na bolsa de valores de Singapura, somando um prejuízo de 1,3 bilhão de dólares. As besteiras de Leeson ficavam escondidas em uma conta batizada por ele de "Error Account 88888". O resultado: o fim do mais tradicional banco da Inglaterra, que contava com mais de 230 anos de existência e tinha entre suas clientes a rainha Elizabeth II. O Barings acabou comprado pelo ING (Internationale Nederlanden Group) pelo valor simbólico de 1 libra esterlina.[2]

Se ninguém compreendia a mudança em voga no mundo digital no ano 2000, a preocupação com segurança de dados estava mais para ficção científica. A população em geral não achava que alguém poderia invadir seu computador e, no imaginário popular, hackers estavam mais para semideuses do que para um bando de moleques fechados em seus quartos com refrigerantes e salgadinhos. O mais grave que um usuário comum imaginava que poderia acontecer era um vírus apagando os dados do computador, gerando a perda das fotos das últimas férias. Literalmente perda, pois ninguém se preocupava em fazer backup das informações.

Fazia menos de dois anos que dois jovens da Universidade de Stanford, nos Estados Unidos, haviam escrito um artigo científico batizado de "The Anatomy of a Large-Scale Hypertextual

Web Search Engine" (A anatomia de um mecanismo de pesquisa hipertextual em grande escala na web). O texto começa assim:

> Neste artigo, apresentamos o Google, o protótipo de um motor de busca de larga escala que faz uso pesado da estrutura presente no hipertexto. O Google foi projetado para rastrear e indexar a Web de forma eficiente e produzir resultados de pesquisa muito mais satisfatórios do que os sistemas existentes.³

Os autores eram Sergey Brin e Lawrence Page (mais conhecido como Larry). De lá para cá, Page e Brin se tornaram ícones da era da informação e o Google, a nova biblioteca de Alexandria.

Foi apenas em 2010, porém, com a publicação de milhões de documentos secretos do governo americano pelo site Wikileaks, do ativista, programador e jornalista australiano Julian Assange, que o mundo começou a vislumbrar a importância da segurança da informação ao chocar-se com as imagens de um helicóptero modelo Apache americano em Bagdá atirando e matando civis, entre eles dois jornalistas da agência Reuters de notícias. O ataque, ocorrido em 2007, mas divulgado apenas em 2010 pelo Wikileaks, ficou conhecido como Collateral Murder (Assassinato Colateral), em uma referência ao termo "efeito colateral" usado pela Otan (Organização do Tratado do Atlântico Norte) para designar civis mortos em uma guerra.

Mas o pior ainda estava por vir com o escândalo do sistema de vigilância global da National Security Agency (NSA) que seria revelado em 2013 por Edward Snowden, analista de sistemas e ex-administrador de sistemas da CIA e ex-contratado da NSA. Ali, as pessoas descobriram que estavam sendo literalmente vigiadas em massa por um "grande irmão" que sequer sabiam existir.

As denúncias do Wikileaks e de Snowden terminaram com a era da inocência na internet. E a segurança de informação — ou guardar seus dados de forma que outras pessoas não possam vê-los — tornou-se crucial não apenas para empresas como para todos os indivíduos. Em janeiro de 2021, segundo um relatório conjunto da We Are Social e da HootSuite, somos 4,66 bilhões de usuários da rede em um mundo com 7,8 bilhões de pessoas.[4]

Mesmo com poucos clientes querendo segurança de informação, a Storm Development cresceu fazendo sites até encontrar a Saga, dos engenheiros Sérgio Spinola e George Randolph, uma empresa brasileira que, em 1986, começou a projetar placas de redes — equipamentos para conectar um computador ao outro. Na época, ninguém acreditava que conectar um computador a outro seria importante, e os fundadores da Saga eram chamados de moleques ao tentar vender essa ideia. A proposta da dupla era, basicamente, ligar um computador a outro em uma rede local através de um cabo — porque não se imaginava ser possível, à distância, ligar duas máquinas sem um cabo entre elas.

O conceito de um computador fazer parte de uma rede mundial de computadores viria apenas três anos depois, em 1989, quando o físico inglês Tim Berners-Lee apresentou a proposta de criar a World Wide Web, a rede mundial de computadores que hoje conhecemos apenas como internet.

Mesmo com dificuldades, a Saga começou a crescer na área de redes até que terminou abalroada, em 1990, pelo Plano Collor, que destruiu milhares de negócios ao confiscar o dinheiro das poupanças da população brasileira. A empresa, porém, sobreviveu através de uma parceria com a americana Bay Networks, especialista na fabricação de hardwares, como placas de rede. Já no final da década de 1990, a Saga percebeu uma demanda por segurança da informação corporativa e começou a buscar um parceiro nessa área. Não foi fácil. Havia pouca gente trabalhando com isso no Brasil.

À primeira vista, a solução mais óbvia seria usar a própria equipe da Saga para prestar esse tipo de serviço. Porém, ao contrário de quem trabalha com hardware, que tem todas as informações documentadas, os especialistas em segurança de informação lidam com dados não documentados, como falhas nos sistemas e testes para verificar a segurança de um sistema.

A *Phrack Magazine* provavelmente seja a mais respeitada revista eletrônica de hackers. Conhecida pela qualidade dos seus artigos, publicou clássicos da comunidade hacker, como o texto que popularizou a técnica *stack overflow*, escrito por Aleph One, nickname de Elias Levy (a propósito, a *stack overflow* foi uma das técnicas utilizadas por Storm para invadir a Nasa). Storm sempre quis escrever para essa revista e, em 2001, teve essa oportunidade ao unir seu conhecimento de hacker ao aglomerado Beowulf.

Não é uma tarefa trivial saber se um hacker entrou em uma rede de computadores. Há diversas técnicas de evasão e os sistemas de detecção de intrusos de rede (*network intrusion detection system*, NIDS) convivem há décadas com o problema do falso positivo (quando o sistema afirma que o hacker entrou, sem que uma invasão tenha de fato acontecido) e do falso negativo (quando ele está dentro, mas o sistema não consegue detectar).

Interessado em entender a qualidade de detecção dos NIDS, Storm propôs em seu artigo na *Phrack* um algoritmo para fazer essa análise. Curiosamente — ou sintomaticamente — Storm usava técnicas de evasão que faziam com que os NIDS mostrassem um falso negativo, deixando-o invisível a eles. Porém, em 2001, Storm não era mais oficialmente um hacker. Havia se tornado um jovem empresário de respeito e sucesso. Apesar disso, a epígrafe escolhida para o artigo que publicou foi "*Nam et Ipsa Scientia*

Potestas Est" (Conhecimento é poder), de Francis Bacon. Um recado para os administradores de rede que ele sempre considerou, para dizer o mínimo, pouco capazes de contê-lo.

O lançamento oficial da revista aconteceu durante o evento HAL (Hackers at Large), em agosto de 2001. Realizado a cada quatro anos na Holanda, o evento reúne a fina flor dos hackers do mundo desde 1989, quando foi realizado o Galactic Hacker Party com apoio da Universidade de Amsterdam. Pela primeira vez, uma edição da *Phrack* iria ser publicada em papel e a sua distribuição grátis teve de empurra-empurra a "não toca nessa revista que ela é minha" para ver quem conseguia um dos quinhentos exemplares. Storm tem o seu guardado até hoje.

Em 2001, o local escolhido para o encontro foi o campus da Universidade de Twente com grandes barracas de lona nas quais os hackers estavam acampados e trocando informações — qualquer semelhança com a Campus Party, festival de tecnologia, inovação e empreendedorismo, não é mera coincidência. O HAL é o avô dela. E a organização já avisou de antemão aos jovens rebeldes que era proibido hackear e que aquele que fosse pego seria imediatamente processado. Incrivelmente, Storm e os demais hackers presentes seguiram à risca a instrução. Trocaram informações de técnicas hacking no encontro e foram invadir computadores em outro local. Nesse meio tempo, em um dos painéis do evento, Storm falou sobre como "decodar" vírus e trojans.

Para entender do que se trata, lembremos da russa Anna Kournikova, que não foi apenas uma das tenistas top 10 do mundo. Coube a ela ter um vírus de computador batizado com seu nome, espalhado pelo globo em fevereiro de 2001. Criado pelo estudante holandês Jan de Wit, ele induzia os usuários de e-mail a clicarem em um anexo com o nome "AnnaKournikova.jpg.vbs". Muitos acreditavam que o arquivo era uma imagem da tenista, mas dentro dele havia um programa malicioso que acessava os contatos do Outlook e enviava para todos esses e-mails o anexo "AnnaKournikova.jpg.vbs". Em poucas horas, o vírus se espalhou pelo mundo e o estrago só não foi pior porque ele não causava nenhum dano específico nos computadores que infectava. Apenas se replicava.

Um vírus semelhante na forma de replicação já havia assolado o mundo no ano anterior, em 5 de maio de 2000. Disfarçado de carta de amor, o ILOVEYOU não apenas se espalhava por e-mail quando o usuário clicava para abri-lo, mas a cada máquina que infectava ele apagava, por exemplo, o pacote do Microsoft Office.

Storm trabalhou justamente para entender o funcionamento desses e de outros vírus também chamados de "decodar" o vírus. Junto a ele no painel, estava Phil Zimmermann, o pai do Pretty Good Privacy (PGP), o mais famoso software de encriptação de e-mails, largamente utilizado até hoje por grupos pró-direitos humanos para se comunicarem entre si com segurança em países com regimes autoritários que controlam a internet.

Obviamente, um evento de hackers não podia deixar de ter uma apresentação na qual o membro de um grupo hacker, no caso o austríaco TESO, fazia engenharia reversa no servidor web da Microsoft, o IIS, e mostrava todas as falhas existentes nele. Pura diversão para os presentes. Afinal, era proibido hackear durante o evento, mas ninguém disse que não se podia mostrar *como* hackear.

O The Hackers Choice (THC) é um lendário grupo de hackers ativo desde 1995 e que se autodescreve como "*We are a group of international hackers. We do IT security work. We are not for hire. All of our work is for the public*". Mas nem só de hacking vivem jovens nerds como Storm. Um desavisado que passasse pela tenda em que estava o pessoal do THC poderia ficar surpreso com os jovens — Storm entre eles — em silêncio, totalmente concentrados na aula dada por um senhor mais velho. Mas a verdade é que não estavam realmente interessados na aula: a questão era o professor, o lendário hacker Cap Crunch (John Draper).

E foi durante o Hackers at Large que Storm utilizou pela primeira vez uma rede sem fio (wi-fi) — anos depois, esse tipo de conexão se tornaria prevalente no mundo.

A busca da Saga por um parceiro terminou em 2002 quando a empresa encontrou Storm: um ex-hacker conhecedor dos "dados não documentados" que havia se tornado empresário. A Saga então investiu na Storm. Naquele momento, unindo venda e manutenção de hardware a segurança de informação, a Saga passou a ter uma posição de destaque no mercado de tecnologia brasileiro e chamou a atenção de empresas estrangeiras para uma possível aquisição. Foi o que aconteceu no ano seguinte, quando uma multinacional comprou a Storm. O dinheiro permitiu que ele passasse meses fazendo apenas o que queria. No caso dele, viver uma vida louca.

Aos 24 anos e com dinheiro no bolso, Storm, que já não era uma pessoa diurna por natureza, passou a literalmente não ver a luz do sol, dividindo seu tempo entre jogar pôquer on-line e frequentar boates. Fez tudo o que tinha deixado de fazer nos anos em que ficou olhando para a tela do computador. Foram noites e mais noites de esbórnia com histórias típicas de adolescentes, embora Storm e os amigos já tivessem cruzado essa linha.

Itaipava, na região serrana do Rio de Janeiro, é um distrito conhecido por ser o refúgio de inverno de celebridades e da alta sociedade fluminense. O bairro tem diversos condomínios de casas e de prédios de alto padrão, clubes e restaurantes de gastronomia refinada. Em uma dessas casas, Storm e os amigos estavam de saída para uma despedida de solteiro e resolveram dar um pulinho em Juiz de Fora, a cem quilômetros dali, para ir à boate Privilege — famosa na noite na cidade. Horas depois, decidem voltar para Itaipava com Storm abraçado a um balde, que os amigos expropriaram da festa com medo de que ele vomitasse no carro.

Na tarde seguinte, os amigos acordaram com uma ressaca brava, mas faltava um: Storm. Preocupados, começaram a procurar por todos os cantos da casa e nada. Já desesperados, começaram a achar que podiam ter feito algo ruim com Storm, mas não lembravam por conta da bebedeira. Descobriram então que o carro dele não estava mais na garagem. Ligaram para a casa dos pais dele — onde Storm ainda morava —, mas ele também não havia aparecido por lá. Em uma época em que quase ninguém tinha celular, a preocupação só foi crescendo sobre o que teria ocorrido com o "baixinho" e um clima de "e agora?" começou a se formar. Horas depois, o telefone da casa em Itaipava tocou. Era Storm. Tinha acordado cedo para ir a uma reunião no período da manhã no Rio de Janeiro. Sem avisar ninguém, simplesmente pegou o carro e foi embora.

O jogo de pôquer e as baladas ocuparam boa parte da mente de Storm durante os seis meses seguintes à venda da empresa, mas não todo o tempo. Ele aprendeu a cozinhar no curso do chef José Hugo Celidônio e a tocar teclado no centro musical Antônio Adolfo. E, como tudo que faz, atualmente cozinha sem consultar receitas e toca sem partituras. É capaz de fazer um almoço sofisticado para o motorista em um dia qualquer da semana simplesmente porque este falou que tinha ficado encantado pela comida que o "patrão" tinha feito da última vez. Ao mesmo tempo, é uma pessoa muito exigente e tem dificuldade de enxergar que a velocidade com que resolve problemas computacionais não é a mesma das outras pessoas. Certa vez, em um jantar em um restaurante carioca, em setembro de 2020, um dos membros de sua equipe pediu que ele parasse de falar que tudo "era tranquilo" e que finalizaria qualquer trabalho em duas semanas. "Não complica a vida do pessoal, por favor. Termina em duas semanas se você fizer. Se for outra pessoa, vai demorar dois meses, ok?", concluiu. Uma vez hacker, sempre hacker. É quase um vício e Storm sabe disso. Jogando pôquer on-line, descobriu uma forma de ver as cartas dos outros jogadores e se divertia a não poder mais com a situação. A técnica, porém, fez com que pouco tempo depois perdesse o interesse no jogo. Não via mais graça em ganhar. Mesmo porque, segundo relataram alguns amigos, o dinheiro apostado não era de Storm, mas de cartões de crédito que ele havia "expropriado" de uma loja inglesa on-line. "Esses caras não sabem nada. É muito fácil hackeá-los", teria dito à época. Ainda segundo relatos, antes disso, já havia "acessado" o banco de dados de uma grande administradora de cartões de crédito e gerado cartões para distribuir entre os amigos. Todos, Storm incluso, teriam usado os cartões para comprar DVDs (*Matrix*, *Friends*), CDs (Offspring, Kraftwerk) e livros (cálculo e física, afinal havia estudantes de engenharia na turma) de uma grande varejista on--line. Ele nega de pés juntos.

A vida louca chamou a atenção dos pais de Storm que, preocupados com o fato de o filho não ver a luz do dia, lhe deram um ultimato. Coube a Wanderley pai dizer a frase que desarmou o filho: "Junior, dinheiro não suporta desaforo". Foi o suficiente. E Storm se inscreveu no curso Professional Program in Cryptography and Computer Security do Massachusetts Institute of Technology (MIT).

Encravado na cidade de Cambridge, no estado de Massachusetts, o MIT é a meca da cultura hacker, onde foi fundada e de onde saíram alguns de seus grandes expoentes. Iniciada na década de 1960, ela envolvia originalmente entrar em locais com acesso restrito de forma perspicaz sem causar maiores danos.

Com a chegada da internet na década de 1960, a cultura hacker se estendeu aos computadores a partir do Tech Model Railroad Club, um clube formado por estudantes do MIT que gostavam de explorar o funcionamento de equipamentos. Um dos primeiros pontos de encontro da comunidade hacker foi o lendário computador PDP-10, batizado de AI, que rodava dentro do MIT e foi uma das primeiras conexões de internet, quando ela era apenas uma conexão entre um computador no MIT, um na Universidade da Califórnia, em Berkeley, e a empresa System Development Corporation. E não era que os três ficassem conectados ao mesmo tempo. A conexão era entre duas máquinas. Havia sempre uma que ficava de fora. O projeto fazia parte do Arpanet (Advanced Research Projects Agency Network), financiado pelo Departamento de Defesa dos Estados Unidos através da Advanced Research Projects Agency (Arpa).

Storm amou e odiou seu período no MIT. Não que não gostasse das aulas, mas fez uma escolha pouco inteligente de onde morar. Escolheu uma casa em outra cidade, Peabody, tão distante que demorava mais de uma hora para chegar ao MIT. E pior, sem acesso direto por "T" (nome carinhoso dado pela população local ao metrô). A jornada incluía pegar um ônibus e duas linhas de metrô diferentes. Tudo isso porque Storm decidiu morar perto de uma comunidade brasileira, contrariando o pai, que sugeriu a ele uma residência para estudantes no próprio MIT. Com dinheiro no bolso e a arrogância típica da idade, Storm acabou literalmente preso dentro da casa de três quartos em Peabody já nos primeiros dias. Tinha acabado de chegar e na noite anterior havia nevado tanto que ele acabou com metade da porta coberta. Desesperado, ligou para o dono da casa — um brasileiro —, que o ajudou fornecendo o número de telefone de uma empresa para desobstruir a entrada.

No MIT, Storm encontrou pela primeira vez obstáculos maiores do que aqueles aos quais estava acostumado. E precisou colar numa prova, algo que nunca tinha feito na vida — só havia passado cola para os colegas no Colégio Militar para tentar ser expulso.

A mania de fazer várias coisas ao mesmo tempo também não ajudava muito. Enquanto assistia às aulas, muitas vezes ficava com a celular na mão e um fone de ouvido. Quando repreendido pelos professores, dizia que estava usando um tradutor automático de línguas. Era mentira. Muitas vezes estava assessorando a equipe da empresa que havia comprado a Storm a realizar algumas tarefas.

Para não dar vexame nas provas, contava com a generosidade de um colega chinês que trabalhava na Nortel — conglomerado de empresas especializado em tecnologia de redes de telecomunicações — e se sentava na frente dele. E de quem colava. Muito.

A propósito, as amizades de Storm não eram das mais triviais. Havia um saudita, chefe de segurança cibernética do banco da Arábia Saudita, fã do Zico, o camisa dez do Flamengo, um ícone dos anos 1980 e 1990; e um peruano, chefe de segurança de um cassino em Reno, no estado de Nevada.

A rotina dos dez alunos inscritos no curso era pesada. Muito estudo e algumas poucas aulas apenas para orientar os pós-graduandos no caminho a seguir. Storm terminou o curso *magna cum laude* — o equivalente a nota A em tudo. O chinês, *summa cum laude*, foi o melhor aluno da turma. "Vou colar do cara errado? Sou carioca e filho de suburbano, irmão."

A Harvard Square é uma praça triangular histórica em Cambridge. Ali ao lado está a Universidade de Harvard — chamada por muitos alunos do MIT como "aquela escola rio acima" — e também um restaurante que, na época, era muito disputado.

Quase na junção da Massachusetts Avenue e da Brattle Street, o coração da Harvard Square, o Casablanca reinou por mais de cinco décadas. Clube transformado em restaurante, era frequentado por artistas, acadêmicos, políticos, estrelas do pop e seres humanos normais que tinham de fazer reserva com meses de antecedência para conseguir uma mesa. O chinês de quem Storm colava estava nessa situação, pois queria levar a esposa ao Casablanca para comemorar o aniversário de casamento, mas não havia tempo hábil e as vagas estavam esgotadas. Em um golpe de sorte, o maître era brasileiro, morava em Peabody e era conhecido de Storm, que acabou conseguindo a mesa. Agradecido, o colega convidou Storm para ir também e disse que levaria uma amiga.

Filha de um comerciante chinês, Li Ling morava em Chinatown, núcleo da comunidade chinesa e animado centro noturno de Boston. Chinatown fica perto das ruas mais chiques da cidade e Storm passou a frequentar o local quando começou a namorar Li Ling. Mas morria de medo de ir ao restaurante do pai da namorada. Achava estranho o público do local e não ajudava em nada o fato de o então "sogro" ter também uma discoteca retrô, com luz no chão, à la anos 1970, e um mercadinho na região.

No MIT, Storm se deparou pela primeira vez com a gritante diferença entre um ser humano com habilidades acima da média (ele) e um gênio. Ainda assim, Storm tem fé que pode ganhar um Turing, prêmio dado anualmente pela Association for Computing Machinery (ACM) para pessoas que contribuíram de maneira duradoura e fundamental à computação. Nenhum brasileiro conseguiu até hoje. Mas Storm mira alto, como fez ao escolher o trabalho de conclusão do curso do MIT: criptografia quântica. O ano era 2004.

Por séculos, criptografar foi mais uma arte do que uma ciência. E a dificuldade era sempre a mesma: como enviar a chave para decodificar a mensagem que havia sido embaralhada com ela, sem que nenhum intrometido a capturasse durante a transmissão.

Desde o fim dos anos 1930, a mansão de Bletchley Park, construída em 1711 e situada a oitenta quilômetros ao norte de Londres, deixou de existir. Oficialmente, não havia nada ali, e as pessoas que ali realizaram o mais importante trabalho de criptografia da Segunda Guerra Mundial mentiam descaradamente sobre o que faziam, tudo para manter o segredo. Apelidada de Station X durante a guerra, a mansão abrigou pessoas com as mais diversas habilidades — de físicos, matemáticos, engenheiros e campeões de xadrez a linguistas e historiadores. Lá, o grupo composto em boa parte por mulheres, liderado pelo inglês Alan Turing, considerado o pai da computação e da inteligência artificial, fez o impossível: quebrou o código da máquina criptográfica nazista Enigma. E foi uma chave criptográfica — em verdade, uma lista delas — que permitiu o encurtamento de dois a quatro anos da Segunda Guerra Mundial nas frentes do Atlântico, Mediterrâneo e Europa, segundo Sir Harry Hinsley, historiador inglês que trabalhou na Station X.

Em 9 de maio de 1941, o capitão Fritz-Julius Lemp deu ordens de evacuar para os tripulantes do submarino alemão U-110, sob seu comando. Fatalmente danificada pela Marinha britânica, a embarcação estava fadada a afundar. Nela, um livro de códigos (chaves) utilizado para configurar a Enigma, para surpresa dos ingleses, foi deixado para trás pelos tripulantes. Encontrado quando o submarino foi invadido, antes que afundasse, o livro foi fundamental para o trabalho de Turing e seus colegas em decifrar a Enigma. Mas nem sempre as chaves eram descobertas.

Na mesma guerra, o exército dos Estados Unidos usou uma tecnologia inusitada para tentar um código inquebrável. Transformou a linguagem de um povo indígena na própria chave, de acordo com a proposta do engenheiro civil americano Philip Johnston, que vivera na reserva dos navajos com seu pai, então missionário no local. Ele dizia que a língua, na época ainda não registrada por escrito e recheada de dialetos, era estudada por apenas 28 pessoas fora da comunidade dos navajos e por isso seria a chave ideal. Funcionava assim: um oficial americano passava para um navajo as informações em inglês. Este transmitia as mesmas em sua língua por rádio a outro navajo, que só então as passava novamente para o inglês e comunicava a um oficial americano. E vice-versa. A chave dos navajos nunca foi decodificada pelos alemães e teve papel fundamental nas batalhas navais que se desenrolaram no oceano Pacífico.

Na icônica tomada da ilha de Iwo Jima, eternizada na foto de seis fuzileiros americanos colocando a bandeira dos Estados Unidos no topo do monte Suribachi, seis *code talkers* navajos foram considerados, pelo major Howard Connor, peças fundamentais para a tomada da ilha, em uma das mais sangrentas e violentas batalhas da Segunda Guerra. A língua dos navajos não foi a única de origem indígena a ser utilizada durante a guerra. *Code talkers* das línguas meskwaki, mohawk, muscogee e tlingit também foram utilizadas com sucesso nesse período, mas nenhuma delas era exatamente uma novidade. A mesma técnica já havia sido utilizada pelos mesmos americanos com as línguas dos comanches, cherokee e choctaw, por exemplo, durante a Primeira Guerra Mundial.

Todas, apesar de bem-sucedidas, tinham uma falha intrínseca. Se uma pessoa que interceptasse a conversa entendesse a língua utilizada (a chave), decifraria a mensagem automaticamente. Mais de trinta anos se passaram após o final da Segunda Guerra para que enfim o problema de distribuir uma chave por um canal de transmissão não seguro, sem que uma pessoa no meio da conversa pudesse lê-lo, fosse resolvido pelos criptógrafos americanos Whitfield Diffie e Martin Hellman no artigo "New Directions in Cryptography".[5]

O ano era 1976 e o mundo nunca mais foi o mesmo. A proposta da dupla era aparentemente simples. Em vez de usar apenas uma chave, usariam duas. Uma pública e outra privada. Cada pessoa teria a sua dupla de chaves (pública e privada), mas disponibilizaria apenas a pública para que qualquer um pudesse usá-la para encriptar uma mensagem e enviá-la de volta. Com a chave privada, a mensagem seria desencriptada. *Voilà*. O canal de comunicação não era mais relevante. Poderia ser absolutamente aberto e não faria diferença nenhuma.

No ano seguinte, três professores do MIT, com base na proposta de Diffie-Helmann, criaram o algoritmo RSA — formado pelas iniciais do sobrenome dos três (Ronald Rivest, Adi Shamir e Leonard Adleman) —, uma forma de trocar informações e de fazer negócios, tornando seguro, por exemplo, o envio de dados de cartão de crédito pela internet. O que ninguém sabia era que em 1973, quatro anos antes do algoritmo da RSA, o criptógrafo inglês Clifford Cocks havia desenvolvido um sistema semelhante, quando trabalhava para o Government Communications Headquarters do Reino Unido (GCHQ), anteriormente conhecido como Government Code and Cypher School (GC&CS).

A informação fora classificada como secreta e apenas em 1997 se tornou pública, ou seja, vinte anos após a publicação do algoritmo da RSA. Um detalhe: o GC&CS teve como principal base aquele local que não existiu durante a Segunda Guerra Mundial, no qual Turing e seus colegas quebraram o Enigma: Bletchley Park.

De todo modo, a ideia de Cocks também não chamou a atenção em 1973, pois os computadores ainda não tinham capacidade para gerar chaves com velocidade suficiente para viabilizá-las no mundo real. Cocks compartilhou sua descoberta com outro criptógrafo, Malcolm Williamson, também do GC&CS, que deu um passo adiante na direção do conceito de criptografia de chave pública no ano seguinte, em 1974. Mas, novamente, o trabalho foi classificado como secreto.

Em poucos anos, o desenvolvimento de máquinas cada vez mais rápidas possibilitou a criação de chaves inquebráveis do tipo da RSA. Atualmente, uma delas demoraria trilhões de anos para ser quebrada por um computador como o que temos em casa. E, como todo hacker, criptógrafo e cientista da computação sabe, a criptografia nunca é totalmente segura, é apenas muito, muito difícil de ser quebrada (e trilhões de anos é uma boa medida). E tudo depende das regras do jogo. Neste caso, do poder computacional das máquinas disponíveis.

O que ninguém imaginava até o início do século XXI era a entrada dos computadores quânticos no jogo e sua inacreditável capacidade de processar dados. E o que levaria trilhões de anos pode agora, e em teoria, ser feito em menos de um dia. A proposta, feita por Craig Gidney, do Google, e Martin Ekerå, do KTH Royal Institute of Technology da Suécia, em 2019, quebraria uma chave de 2048 bits[6] — o padrão da nossa comunicação atual — em apenas oito horas. Quinze anos antes, em 2004, Storm estava preocupado em garantir a segurança absoluta das informações trocadas. A única solução possível, em teoria, é a criptografia quântica. Não deixa de ser uma ironia para um hacker como ele, pois seu sucesso colocaria em risco o que ele mais gosta de fazer: hackear.

Na criptografia quântica prova-se matematicamente que, por mais habilidades que uma pessoa tenha ao espionar a conversa entre outras duas, o sistema continua seguro. É impossível ouvir o que elas estão dizendo, desde que quem esteja falando possa garantir que sabe quem está do outro lado ouvindo. E Storm propôs um modelo de distribuição de chaves quânticas utilizando a internet. A criptografia quântica resolve o problema da segurança, mas o custo financeiro é muito alto e hoje ninguém conseguiria pagá-la. Enquanto isso, o uso de tecnologias como a dos *code talkers* ainda impera quando o intuito é fazer algo errado.

Antes de Berners-Lee propor a criação da World Wide Web em 1989, um dos meios mais comuns de comunicação do mundo cibernético eram os *newsgroups*, ou grupos de discussão separados por temas, como política, ciência, filmes, videogames, música, livros, esportes, fitness, pets, em que as pessoas trocavam informações. Qualquer semelhança com os grupos atuais de Linkedin ou Reddit não é mera coincidência. Os *newsgroups* são seus predecessores, mas com uma diferença fundamental. Não funcionam dentro da World Wide Web, mas na Usenet, uma das mais antigas redes de comunicação na internet, e que ainda está em uso. Criados em 1979 para envio de texto, eles evoluíram ao longo dos anos e hoje enviam também imagens e vídeos de forma não moderada. Ou seja, ninguém fica olhando para ver qual conteúdo passa ali. E aí mora o perigo. Com a perda de importância dos *newsgroups*, cada vez menos pessoas olham para eles. O palco perfeito para se fazer coisas erradas. "A galera do mal usa *newsgroups* e não vejo ninguém realmente comentando ou se preocupando com isso. Basta ir lá e olhar", diz Storm.

Tecnologias absolutamente esquecidas como disquetes de 3 ½ polegadas também têm sido utilizadas para trocar imagens e vídeos impunemente. Mesmo porque boa parte das pessoas hoje sequer sabe que existiram disquetes de 3 ½ polegadas e muito menos que os leitores desses disquetes vinham acoplados aos computadores.

Com a capacidade de armazenamento ridiculamente baixa de 1,44Mb (o tamanho de uma foto pequena em alta resolução), eles permitiam que se pudesse instalar um programa como o Windows 95 (lançado em 1995) com "apenas" treze disquetes. A partir dos algoritmos de compressão atuais, é possível compactar um vídeo de trinta segundos em um disquete de 1,44Mb.

Os alvos dos pedófilos são, por exemplo, crianças que vivem à margem da sociedade, muitas delas vendidas pelas próprias famílias. "Isso acontecia na época da Catedral-Rio. Eu vi. Ninguém me contou. E acontece aqui no Brasil em 2022. Infelizmente é apenas a ponta do iceberg. Imagine em zonas de guerra nas quais não há nenhum tipo de estrutura governamental. As crianças nesses locais simplesmente não existem, não têm sequer certidão de nascimento. Essa é a realidade, as pessoas gostem ou não."

Portugal

*Nunca existiu uma grande inteligência
sem uma veia de loucura.*
(Atribuída a) Aristóteles

A estadia de Storm no MIT havia chegado ao fim e, depois de uma conversa com um professor, acabou sendo contratado pela empresa portuguesa Critical Software. Com um visto de trabalhador altamente especializado, que depois se tornaria cidadania portuguesa, Storm decidiu que era hora de trabalhar fora, inclusive por estar impedido de atuar na área de segurança da informação no Brasil até 2007, por conta da venda da Storm. E se divertiu bastante com isso.

O projeto Galileo, da Agência Espacial Europeia, foi criado para servir de contraponto aos sistemas de navegação por satélite dos Estados Unidos e da Rússia. É graças ao GPS — nome do sistema americano que acabou globalmente utilizado para designar esse tipo de tecnologia — e ao sistema russo Glonass que softwares de navegação do tipo Waze e Google Maps conseguem dizer onde estamos e para onde vamos, nos acompanhando e traçando rotas. Cada um deles conta com uma rede de trinta satélites em órbita ao redor da Terra, que cobrem todo o planeta. Com uma diferença: GPS e Glonass foram criados originalmente como projetos militares e são controlados pelo Departamento de Defesa dos Estados Unidos e pelo Roscosmos State Corporation for Space Activities, respectivamente, o que os europeus queriam evitar. Assim, o Galileo é, desde sua concepção, um projeto civil.

Garantir a comunicação segura entre o centro de comando na Terra e o satélite é parte fundamental deste tipo de projeto. Qualquer falha em uma troca de informações confidenciais pode se tornar pública, literalmente, pelo ar. Esse era o trabalho de Storm. Testar os sistemas de comunicação para que não houvesse falhas e ninguém conseguisse ouvir o que estava sendo falado. Um projeto como o Galileo tem três vertentes de comunicação: "militar", "aberta" e "comando e controle". Cada uma, a seu modo, precisa ser segura. Nenhum país quer segredos militares interceptados, muito menos que um comando/controle enviado/ recebido da Terra para o satélite (ou vice-versa) seja desviado. E mesmo em uma comunicação aberta, ela precisa funcionar. Como garantir que tudo isso aconteça? Testando. Fazendo os chamados *test beds* que Storm já tinha realizado na Nasa. Nada de muito difícil nem de muito novo, mas reza a cartilha que quanto mais se faz algo, melhor se fica. Foi o caso de Storm no projeto Galileo. Ele fez diversos *test beds* que culminaram em sua participação nos projetos da sonda espacial Mars2020, que pousou em Marte em fevereiro de 2021; do James Webb, o sucessor do telescópio Hubble, lançado em dezembro de 2021; e do programa Artemis, que deve levar a primeira mulher a pisar na Lua em 2025.

O trabalho sempre foi uma parte fundamental da vida de Storm. E, em Portugal, a culinária também. Storm sempre teve gosto apurado para comida. Aprendeu a cozinhar para preparar o que gosta de comer. Não necessariamente comidas requintadas, mas bem-feitas, bonitas e saborosas. Sempre gostou de comida portuguesa por conta da mãe que fazia os quitutes em casa, mas nunca tinha se aprofundado no tema até morar em Portugal. Lá se deliciou com chanfana, alheira, francesinha, leitão assado à bairrada, pastel de nata. Trabalhava muito e, nas poucas horas vagas, uniu ao amor pela gastronomia o namoro com a economista Maria João, amiga de um colega da Critical Software.

Na época Storm morava em Coimbra, na casa de Bernardo, um amigo de escola que trabalhava na mesma empresa. Mas em pouco tempo ele se mudou para outra residência com Maria João e passaram a viver juntos. A Quinta das Lágrimas é uma célebre propriedade rural de mais de dezoito hectares em Coimbra. Foi o cenário do amor de Pedro I, rei de Portugal, por Inês de Castro, criada de sua futura esposa Constança Manuel. A história terminou em tragédia e virou verso de *As Lusíadas*, de Luís de Camões. Atualmente, a quinta dá também o nome ao bairro em que está localizada, e foi ali que Storm escolheu morar. O casal teve uma vida tranquila no período em que esteve ali.

Durante sua estadia de um ano e nove meses em Portugal, Storm ainda criou e programou o protótipo de um sistema de criptografia multinível e coordenou sua instalação para o Estado- -Maior-Geral das Forças Armadas (EMGFA). Antes da existência de mensagens criptografadas entre os computadores, a maneira usada para enviar uma informação militar criptografada era basicamente um telex, sistema hoje obsoleto. Um sargento de comunicações recebia a mensagem criptografada e também a chave para lê-la, que era entregue então ao destinatário (um coronel, por exemplo). Agora imagine precisar enviar trechos para diferentes destinatários (um major, um coronel, um general) em uma única mensagem e cada destinatário ter a própria chave criptográfica e poder ler apenas a parte destinada a ele? Isso é um sistema multinível. Funciona, mas dá trabalho. Foi essa ideia que Storm usou para seu sistema de criptografia para uma missão da Organização do Tratado do Atlântico Norte (Otan), da qual Portugal faz parte. Criada em 1949, a Otan é uma aliança na qual os países-membros se ajudam mutuamente em termos políticos e militares. Seu artigo 5º considera que um ataque armado contra um deles será considerado um ataque contra todos. Em toda a história da instituição, esse artigo foi invocado apenas uma vez: nos ataques da organização fundamentalista islâmica al-Qaeda de 11 de setembro de 2001 contra os Estados Unidos. Nesse dia, terroristas sequestraram quatro aviões comerciais de passageiros. Dois deles foram jogados contra as Torres Gêmeas do centro empresarial do World Trade Center, em Nova York, um terceiro colidiu contra o Pentágono, sede do Departamento de Defesa dos Estados Unidos, e o quarto acabou caindo em um campo aberto próximo a Shanksville, na Pensilvânia, quando passageiros e tripulantes tentaram retomar o controle da aeronave dos sequestradores. O ataque culminou com o envio das tropas da EMGFA pela Otan para o Afeganistão. Esta e outras missões utilizaram o sistema de criptografia multinível desenvolvido por Storm.

    A vida em Portugal é o período do qual Storm menos fala. Os dias correram sem grandes solavancos— e mesmo trabalhando em uma empresa de segurança, ele continuou hackeando. Foi lá que participou de um projeto para uma multinacional, mas desse trabalho ele se nega terminantemente a falar. "Tenho um acordo de confidencialidade. Não adianta pressionar. Não vou falar." Do seu círculo de amigos só consegui saber que o projeto o levou a passar uma temporada na Holanda. E Storm diz sempre que não se lembra direito do que aconteceu. E é só.

Um único evento que conta é de um criptógrafo com quem se irritou quando trabalharam para a Agência Espacial Europeia. Segundo Storm, a pessoa não era das mais simpáticas e ficava se gabando de que a segurança que tinha criado era ótima, dificílima de invadir. Para provar o contrário, Storm entrou na rede e pegou a senha dele. Nas palavras de Storm, o criptógrafo estava usando como senha uma combinação do nome da mulher e do cachorro...

Aterrissando

Quem sabe faz ao vivo.
Fausto Silva, apresentador de televisão

A decisão de aportar novamente no Brasil mesmo com ofertas para trabalhar em diferentes países da Europa foi racional. Por mais que ganhasse dinheiro em Portugal, Storm sabia que nunca chegaria perto do potencial que tinha no Brasil. E como o tempo de resguardo de cinco anos da venda da primeira empresa havia terminado, ele já podia voltar a trabalhar na área de tecnologia. Dito e feito, em 2008 criou a nova Storm. No ano seguinte, recebeu um telefonema de André Nava.

Havia mais de ano que a Globosat tentava emplacar o Bolão SporTV para o Campeonato Brasileiro, mas nunca conseguia colocar o projeto no ar, pois sempre aparecia algum problema. Não era nada de mais: um bolão clássico, só que na internet. Sem saber mais o que fazer, Nava resolveu chamar Storm para conferir o projeto. Em poucos dias, o programa começou a funcionar e o Bolão SportTV passou a rodar para os campeonatos Carioca, Paulista, Mineiro,

Paranaense, Catarinense, Gaúcho, Cearense e Pernambucano. E, no ano seguinte, em 2010, para o Campeonato Brasileiro e a Copa do Mundo na África do Sul. Não que a operação dos campeonatos regionais de 2009 tenha sido simples. O resultado de cada jogo era digitado manualmente por uma pessoa da equipe da Storm que passava horas e mais horas fazendo isso. Mas funcionou e se tornou um sucesso estrondoso, que foi copiado por diferentes empresas e até hoje é lembrado por quem gosta de futebol.

No mesmo ano, a situação do site do Telecine, que faz parte dos canais Globosat, era mais complicada. Focado em filmes que já saíram do cinema, o Telecine é uma *joint venture* do Grupo Globo com estúdios como Walt Disney Pictures, Paramount Pictures, Universal e Metro-Goldwyn-Mayer. Contando com mais de 2 mil lançamentos e clássicos de diferentes gêneros vindos de seus sócios ou de parceiros como Warner Bros., Lions Gate Entertainment e Sony, o Telecine tem, até hoje, uma ampla audiência.

Na época, a Globosat queria disponibilizar no site a programação de todos os subcanais do Telecine — Premium, Action, Touch, Pipoca, Cult e Fun. Fazia, porém, dois anos que o site havia sido produzido, estava com o conteúdo pronto, mas dava pau toda vez que ia ao ar para testes. Novamente sem saber o que fazer, Nava recorreu a Storm, que, em uma tarde, colocou o site no ar. Até hoje as pessoas que acompanharam o processo ficam surpresas com o resultado. Ninguém entende direito o que Storm fez, mas em poucas horas um trabalho que havia demandado anos de esforço de várias pessoas estava pronto.

Vivendo sempre a mil por hora, fazendo várias coisas simultaneamente e sem dedicar muito tempo para si mesmo, Storm tende a negligenciar a vida pessoal em detrimento dos negócios, em especial quando está muito focado. O casamento com Maria João não foi exceção e o início de 2010 mostraria isso.

Maria João havia chegado há pouco ao Brasil. Ela e Storm estavam terminando de decorar a residência no Recreio dos Bandeirantes. Um terreno de 1600 metros quadrados e uma casa de 400 metros quadrados, porque Storm sempre gostou e precisou de espaço — ele mesmo nem sabe por quê. Era início de janeiro, dias antes do aniversário de Storm. Trabalhando loucamente para a Globosat, incapaz de conseguir tempo para sair e escolher lustres, ele pediu que sua mãe Waldeth fosse com a Maria João e a arquiteta decidir a iluminação da casa na chamada rua dos lustres, no bairro de Benfica, no Rio de Janeiro. Lojas e mais lojas se enfileiram com todos os tipos imagináveis de objetos para iluminação em um trecho da rua Senador Bernardo Monteiro. A vibe de Storm sempre foi mais a dos video games e telescópios, mas sua ausência nesse dia fez o caldo entornar.

Andando pela rua, Waldeth (neta de portugueses), Maria João (portuguesa) e a arquiteta (romena) falavam sobre a vida e lustres. Tudo ia bem até Waldeth comentar que a arquiteta tinha grandes chances de vir de uma família cigana. Waldeth não sabia, mas em muitos locais da Europa há uma conotação pejorativa em ser chamado de cigano. Nômades e divididos em clãs, há grupos de ciganos europeus que vivem à margem da sociedade, sem direitos sociais, políticos, culturais ou econômicos. Ofendida, a arquiteta fechou a cara e Maria João tomou as dores da amiga. Irritada, pediu que Waldeth pedisse desculpas. A resposta veio *à la* Storm: "No Brasil isso não é desfeita. Não vou pedir desculpas". Agora enfurecida, Maria João ligou para Storm, explicou toda a situação e exigiu que ele intercedesse. A resposta veio só um pouco mais curta do que a da mãe: "Não vou. Não é ofensa no Brasil". No dia seguinte, o casamento, que já não ia bem, terminou com Maria João saindo de casa. Meses depois, ela voltaria para Portugal e os dois nunca mais se encontrariam.

A separação de Maria João deixou Storm baqueado, embora o casamento já não funcionasse. Sem muita vontade de fazer nada e prestes a completar 32 anos, estava zero a fim de agito. Mas nos próximos dias ia rolar a Festa Americana, um encontro criado por um grupo de amigos que foi crescendo ao longo dos anos, passou a cobrar ingresso e ganhou fama. Itinerante, daquela vez a festa aconteceria no Museu de Arte Moderna, ao lado do parque do Flamengo. A empresa de Storm era uma das patrocinadoras do evento, e ele ganhara ingressos VIP. Um de seus amigos, Paulo, estava ficando com uma menina e insistiu para Storm ir, dizendo que a moça levaria uma amiga.

No térreo do museu, de frente para os jardins projetados por Burle Marx, a festa bombava e Storm esperava o amigo na porta da área VIP, sem empolgação alguma. Na chegada, Storm acabou não se apresentando formalmente para as moças e Aurora, a amiga da ficante de Paulo, achou que ele era o promoter da festa e estava ali apenas para entregar as pulseiras. Na hora que entendeu a confusão, se desculpou e começou a conversar com ele. Papo vai, papo vem, e no final da festa Storm pediu o contato da moça. Ela concordou e ele disparou: "Qual o seu MSN?" (sistema de troca de mensagens da Microsoft muito em voga na época). Ela achou o máximo da nerdice uma pessoa pedir o MSN em vez do telefone e os dois começaram a se comunicar por mensagens — o WhatsApp havia sido lançado há pouco mais de dois meses e estava a milhões de anos-luz de se tornar o que é hoje.

Em 31 de março de 2010, o então governador de Minas Gerais Aécio Neves se licenciou do cargo para concorrer ao Senado Federal. As eleições ocorreriam em 3 de outubro e a lei eleitoral afirma que pessoas que tenham cargo público devem renunciar a ele seis meses antes do pleito. Decisão tomada, Aécio precisava fazer a segurança tecnológica de seu site. A tarefa de encontrar um fornecedor coube à irmã Andrea, que ligou para um amigo em busca de sugestões. O primeiro nome da lista era o de Storm.

Uma das formas mais simples de causar problemas aos usuários de um site é colocar milhões de pessoas para acessá-lo ao mesmo tempo, um ataque batizado de *distributed denial of service* (DDOS). Nele, um hacker toma o controle de milhares de computadores e os "escraviza" para que acessem ao mesmo tempo um único site. Com o excesso de pedidos, o site se torna indisponível e ninguém consegue se conectar a ele. Um clássico que foi levado ao extremo nesse mesmo ano pela Operação Payback do grupo hacker Anonymous ao atacar primeiramente sites de organizações de combate a pirataria na internet, e depois os sites Mastercard e do PayPal por eles se negarem a receber doações para o Wikileaks, que havia acabado de colocar no ar as imagens do "Collateral Murder".

Site fora do ar é um problema do tamanho do mundo para qualquer candidato a um cargo público de visibilidade nacional como Neves. Afeta diretamente a capacidade de comunicação com os potenciais eleitores, mas um DDOS foi o mais tranquilo dos ataques que Storm teve de combater na página de Neves.

O nome é complicado — *cross-site scripting* (XSS para os íntimos) —, mas o conceito é simples: injetar um código malicioso em um site teoricamente seguro com o intuito de prejudicar as pessoas que o acessam. Essa técnica hacker pode vir em cinco "sabores": reflected XSS, persistent XSS, DOM-based, self-XSS e mutated-XSS. Um mais perigoso que o outro para um internauta desavisado que esteja acessando um site aparentemente seguro, porque o hacker coloca dentro de uma das páginas desse site um código que pode capturar suas informações.

Outro ataque de nome difícil e também muito utilizado, causando danos irreparáveis, é o SQL Injection. Muito difundido, ele se aproveita da forma como a linguagem de computador chamada SQL leva as informações que digitamos nos sites de internet para os bancos de dados (o local em que ficam nossas informações como nome, endereço, telefone). E, uma vez que consegue entrar no banco de dados, o estrago é certo e, muitas vezes, irreparável.

Os ataques DDOS para tirar o site do ar e as tentativas de invasão via XSS e SQL Injection ao site de Neves não demoraram a acontecer. E não foi uma nem foram duas tentativas, mas milhares. Nenhuma delas funcionou, embora algumas tenham dado trabalho. Nas palavras de Storm: "O site tava bem fechadinho...".

Os riscos de invasão estão presentes desde que a internet deixou de ser uma rede de comunicação militar e se expandiu até chegar à rede mundial de computadores que conhecemos hoje. E isso foi obra de dois cientistas americanos.

No início da década de 1970, Vinton Cerf e Robert Kahn criaram aqueles que se tornariam a base da nossa forma de comunicação atual pela rede mundial de computadores. O TCP (*transfer control protocol*) e o IP (*internet protocol*) nada mais são que uma série de regras padronizadas que permite aos computadores conversarem entre si. Em nós, humanos, esses protocolos sociais são desenvolvidos ao longo da vida e os usamos diariamente para saber como nos comportar, interagir e nos comunicar com outras pessoas. No caso dos computadores, eles precisam saber de antemão como iniciar uma conversa, de quem é a vez de se comunicar, como ele sabe que sua mensagem foi transmitida corretamente e como terminar a conversa. No início da indústria de computadores, cada fabricante usava o próprio protocolo — uma verdadeira torre de babel em que cada um falava uma língua e, no final, ninguém se entendia. Não demorou muito e ficou claro que era preciso ter um padrão que permitisse aos computadores de diferentes fabricantes conversarem entre si. Daí, surgiu o TCP/IP e o mundo nunca mais foi o mesmo. Para o bem e para o mal. Segundo Storm: "O TCP/IPv4 tem falhas intrínsecas. É sinistro. Eu conheço duas delas. As equipes de segurança ficam colocando camadas e mais camadas para protegê-las, mas o fato é que não tem solução. Teria de trocar o protocolo para torná-lo realmente seguro. O TCP/IPv6 é muito mais seguro, o que não significa que não seja hackeável".

Responsável por identificar computadores no ciberespaço e garantir que as informações cheguem ao destino correto, o IPv6 é o irmão mais novo do IPv4. Lançado oficialmente em 6 de junho de 2012, ele resolve um "probleminha" intrínseco do seu irmão mais velho que foi colocado em funcionamento em 1981: o número de máquinas que podem ser identificadas por ele. E esse número se esgotou. Não que seja uma novidade. Desde que foi colocado em funcionamento, já se sabia que isso aconteceria. No início da década de 1980, a internet era uma rede predominantemente militar e acadêmica. Nem de longe era o que se tornou hoje e ninguém imaginava que, em trinta anos, se tornaria onipresente em nossas vidas. Na época, o TCP/IP sequer era o protocolo de comunicação predominante. Este papel cabia ao UDP, que era mais rápido que o TCP; mas essa agilidade cobrava um preço: a segurança. O UDP não tinha como verificar se um dado que saísse de um computador havia chegado corretamente ao seu destino, um problema sério, que acabou restringindo seu uso.

Até Storm resolver a situação do Bolão SporTV, Horta Ramos, diretor da Globosat, não o conhecera pessoalmente. E toda vez que ouvia o nome "Wanderley Storm", a imagem que vinha em sua mente era a de um ator de filme pornô. "Daí me aparece um sujeito baixinho. Pensei: bom, ator pornô ele não é...", comenta rindo.

Horta Ramos tinha na cabeça desde 2010 que o streaming seria o futuro do audiovisual e em meados daquele ano concluiu que era importante providenciar um site e um aplicativo de celular que juntasse todos os canais Globosat. Nada mais natural que procurar um codinome para essa fase do projeto. Durante um passeio com sua então esposa pela serra fluminense, a inspiração veio: MOO (Movies On-line OnDemand), também uma brincadeira com o mugido da vaca "MUU". Àquela altura, a fama de Storm já era a do cara que resolvia tudo e sua empresa acabou sendo a responsável pelo desenvolvimento do site.

O MOO pegou vinte anos de conteúdo (1990-2010) dos canais Globosat (Universal, SporTV, GNT, Globonews, Multishow, Telecine, entre outros) e disponibilizou para os seus assinantes. Os programas ficavam separados por temas como culinária, esportes, viagens, e não por canais. Não havia sequer uma menção a qual canal o programa pertencia, conceito que estava começando a se consolidar no mundo. Semelhanças com uma tal de Netflix não são coincidência. Três anos antes, a Netflix havia iniciado seu serviço de streaming de vídeo e, em cinco anos, alcançaria a marca de 25 milhões de assinantes. No Brasil, a TV a cabo ainda dominava e, em novembro de 2014, atingiu o ápice com 19,8 milhões de assinantes. Na época, projeções supunham que, em 2019, o número poderia saltar para cerca de 25 milhões. A expectativa passou longe de se tornar realidade para a TV a cabo, mas o streaming, a partir de 2011, aceleraria a passos largos. E Storm surfou nessa onda.

Com tudo pronto para o lançamento do MOO, a direção da Globosat achou melhor trocar o codinome do site, que poderia pegar mal com o Conselho do Grupo Globo, pouco afeito a esse tipo de humor. Havia várias possibilidades na mesa, todos com a palavra Globo no meio. Mas, de última hora, a Sony Pictures disse que gostaria de entrar no projeto, só que haveria maior possibilidade de isso acontecer se o site não tivesse a palavra Globo. Voltaram então para o nome MOO. Mas, na hora de registrar o site, o domínio moo.com.br já tinha dono. Pensa daqui, pensa dali, e chega-se à conclusão de que se não tem MOO, vai MUU mesmo. Até hoje, Horta Ramos é zoado pelos colegas por ter feito o site da vaquinha. A iniciativa não teve um grande sucesso e hoje ninguém lembra que o MUU existiu, mas ele foi o precursor do que hoje é a Globoplay. E a Sony? Nunca mais falou sobre participar do projeto. Anos depois, o MUU seria totalmente reformulado e passaria a se chamar GloboSatPlay, agora com conteúdo separado pelos canais Globosat. Novamente, a empresa de Storm seria a responsável pelo projeto, mas o próprio Storm já estava com a cabeça em outro lugar.

No final de 2011, não havia nenhum sistema de transmissão ao vivo via internet no Brasil, mas a experiência adquirida com o MUU levou a Globosat a ir em frente com a ideia de criar o TelecinePlay. Apesar de toda a confiança na capacidade da Storm, havia outros sócios na empreitada e decidiu-se por uma concorrência. Dez empresas, entre elas a Storm, entraram. Na reta final, com as três últimas no páreo, a Globosat pediu uma amostra do produto para cada uma. No dia da reunião, as duas outras empresas entregaram o que foi pedido. A Storm, não. Apresentou um site pronto, e acabou levando o contrato que incluía o gerenciamento da infraestrutura de streaming. Uma tacada típica da personalidade de Storm, que está sempre no limite entre a ousadia e a irresponsabilidade. Afinal, a Globosat podia ter escolhido outro fornecedor e todo o tempo e dinheiro investidos no projeto teriam ido parar na lata de lixo.

Não foi o que aconteceu. E, no início de 2012, o TelecinePlay foi ao ar. Um sucesso instantâneo, muito comemorado por todos.

O fenômeno de audiência se tornou, paradoxalmente, um pesadelo técnico/ comercial. Todo sábado, o Telecine Pipoca — que exibia em versão dublada os principais filmes apresentados pelos outros "telecines", Premium, Action, Fun e Touch — estreava uma nova película. Com a novidade anunciada aos quatro ventos, os assinantes ficavam animados e entravam aos milhares para assistir ao novo filme. Mesmo as imagens sendo apenas sequências de 0 e 1, transmiti-las consome dados — não interessa se elas vêm pelo ar (antenas, caso do 3G/4G/5G, ou satélite), por cabo ou por sinais de fumaça — e, naquela época, essa transmissão de dados era cara. Os filmes da Telecine estavam armazenados nos Estados Unidos e havia uma limitação para a quantidade de dados que a Globosat podia usar para fazer essa transmissão. O fato é que, em muitos momentos, por pouco não se chegou a uma situação em que o custo de transmitir os dados seria maior do que o valor pago pelos assinantes. Ou seja: o grande sucesso de público daria prejuízo. Uma situação que hoje ninguém sequer imagina, mas foi real e levou Storm e Nava a passarem muitas noites de sábado no escritório, tensos, olhando para o computador, buscando alguma forma de otimizar o consumo da banda e literalmente torcendo para que não entrassem mais assinantes para assistir ao filme.

Enquanto fazia a segurança do site da campanha de Aécio Neves ao Senado e tocava o projeto do Bolão SportTV, Storm começou seu namoro com Aurora, a moça de quem tinha pedido o MSN. E na época do TelecinePlay, no início de 2012, a história cheia de idas e vindas dos dois culminaria com o casamento e o nascimento do filho Lucas, no final desse mesmo ano. Não sem antes Storm quase perder o movimento da mão e levar uma cicatriz enorme no braço direito como lembrança permanente.

O trecho da BR-101 que liga a cidade de Santos à do Rio de Janeiro tem uma das paisagens mais belas do Brasil. Certo dia, a Mercedes C180 Cupê cinza-escuro de Storm deslizava suavemente pela Rio-Santos. Feliz da vida, ele estava indo com Aurora para sua casa em Angra dos Reis. Já perto da residência, no trevo Sahy, um local conhecido por seu histórico de acidentes, Storm foi obrigado a frear bruscamente quando uma Paraty o fechou. Ele conseguiu parar, mas o alívio foi seguido por um solavanco. O carro de trás havia engavetado. Furioso, Storm arrancou atrás da Paraty e arremessou a Mercedes contra a roda dianteira esquerda do automóvel até quebrar o eixo dela. Mas não foi o suficiente para acalmá-lo. Possuído de raiva, na hora que o outro motorista saiu do carro, Storm começou a socá-lo até ser contido por pedreiros de uma obra próxima que viram a situação e ficaram com medo de que a briga terminasse em morte.

Storm se tranquilizou apenas com a chegada da Polícia Rodoviária Federal, que o levou para a delegacia. Depois de muita conversa, o delegado, Storm e o dono da Paraty entraram em um acordo. Storm pagaria pelo prejuízo na Paraty e o caso terminaria ali. Mas havia algo estranho. O braço direito de Storm agora doía desesperadamente. Ele não conseguia mexê-lo. Suspeitando de que podia ser grave, Storm chamou o seguro e, enquanto eles levavam o carro de volta para o Rio de Janeiro, ele e Aurora foram de táxi para o hospital Barra D'Or. Ali, a radiografia acusou fratura no úmero e no rádio, dois dos três ossos do braço direito. Storm é destro, embora consiga fazer pequenas tarefas com a mão esquerda.

Até hoje não está claro se a fratura aconteceu no acidente ou na briga, porém o mais provável é que tenha ocorrido no engavetamento e depois se agravado pelo uso indevido do braço contra o dono da Paraty. O que seria uma operação simples se tornou uma saga quando, durante o procedimento, Storm sofreu uma lesão no nervo interósseo posterior. Um dos responsáveis pelo movimento de abrir e fechar o dedão, o tal nervo é fundamental para a espécie humana. Sem o seu bom funcionamento, Storm passaria o resto da vida sem conseguir pegar sequer um garfo e, muito menos, escrever um código. Mas antes de se preocupar com isso, ele precisou se manter vivo pelos próximos dias.

Já fazia uma semana que Storm havia saído do hospital, mas não se sentia bem. Uma fadiga estranha tomou conta de todo seu corpo. Até que, ao subir a escada de casa, sentiu uma intensa falta de ar e quase desmaiou. Assustado, ligou para o médico que o havia operado e perguntou se aquilo era normal. "Venha direto para o hospital", foi a resposta.

Novamente no Barra D'Or, Storm irritou-se com a demora no atendimento e ligou para a mãe. Preocupada, Waldeth ligou para Marcelo Kalichstein, pneumologista clínico e especialista em centro de terapia intensiva. Waldeth, que já era sua paciente, explicou a situação do filho. O médico intuiu que havia algo errado e pediu que Storm fosse direto para a Clínica São José, no bairro de Humaitá, onde atende. Após fazer o pacote completo de exames de sangue, raio X, ultrassonografia e tomografia, a suspeita se confirmou. Nos próximos dez dias Storm ficaria no centro de terapia, com coquetel de antibióticos na veia e lutando contra uma infecção devido a uma pneumonia não tratada — possivelmente pega durante a operação para corrigir a fratura no braço. A pneumonia não era bacteriana, mas viral.

Depois do susto e já curado da pneumonia, Storm foi cuidar do dedo. Ouviu do novo cirurgião, indicado por Kalichstein, que precisaria ser operado novamente. Sem opção, aceitou. A cirurgia correu bem, mas a fisioterapia para voltar a mexer o dedão se mostraria muito mais complicada do que Storm imaginava.

A clínica no Lebon era bem aparelhada e durante três semanas Storm fez religiosamente todos os exercícios pedidos pelos fisioterapeutas, mas cada dia que passava aumentava sua preocupação. O dedo não dava sinais de melhora. Nada de conseguir fazer sequer um pequeno movimento. No retorno ao médico, uma notícia mais preocupante ainda. Se não havia melhorado com três semanas de fisioterapia, Storm teria de operar novamente e, provavelmente, nunca mais recuperaria o movimento total da mão. Ficaria com sequelas. Apavorado, Storm ligou para a mãe e contou o caso. Ela lhe indicou uma fisioterapeuta japonesa que era casada com um cirurgião de mãos.

Storm foi atendido por uma moça de poucas palavras, que impôs algumas condições para tratá-lo. A primeira foi que ele deveria fazer fisioterapia todos os dias da semana. A segunda foi que o pagamento só seria realizado após o resultado. E a terceira, e mais importante, era que se Storm faltasse uma vez sequer o tratamento seria interrompido. Entre incrédulo e descrente, mas sem muita opção, Storm decidiu tentar. E, para sua surpresa, ela o colocou em uma sala cheia de "brinquedos". "Só tinha coisa estranha nessa sala. Uma delas era pegar um prego e colocar em um buraco. Me senti o próprio Daniel San sendo treinado pelo Sr. Miyagi, do *Karatê Kid*. Só que, no caso, era a Sra. Miyagi."

Após duas sessões, seu dedão começou a se mexer novamente; e após três semanas de tratamento diário, o movimento voltou por completo. Um milagre comemorado até hoje por Storm com um sorriso emocionado de medo — pelo que poderia ter acontecido — e alívio ao olhar para o próprio dedão mexendo normalmente.

Zipstream

Não sabendo que era impossível, foi lá e fez.
(Atribuída a) Jean Cocteau

Segundo trimestre de 2013. Sede da Globosat. Barra da Tijuca, Rio de Janeiro.
— Vamos transmitir o Rock in Rio pelo site do Multishow.
— Não, vamos fazer pelo aplicativo de celular...
— Não, Storm, não vai dar.
— Vai, sim.
— Não temos nem um aplicativo. O 3G é instável e o 4G mal chegou no Brasil...
— A gente vai fazer.
— Faltam três meses para o primeiro dia de shows!
— Eu sei.

No final da reunião com a Globosat, de volta à Storm, Ney Doria Junior, o mesmo do ING, então gerente de projeto, e Storm,

se reuniram com a equipe para explicar a ideia do aplicativo de celular para o Rock in Rio. Doria ainda perguntou duas vezes:
— Você tá falando sério?
Recebeu apenas duas palavras como resposta:
— Três meses.
A equipe, não satisfeita, insistiu:
— É impossível.
Receberam uma resposta mais elaborada, quase um tratado para uma pessoa que fala pouco como Storm:
— O impossível não existe para nós. Não importa quantas noites a gente vai virar, a gente consegue.

"Eles nos entregaram esse projeto porque sabiam que apenas nós podíamos fazer no tempo, com a qualidade e a segurança que precisavam", me disse Storm. E, de fato, a equipe de desenvolvimento passou noites e mais noites escrevendo o código sob a supervisão de Storm. O desenvolvimento foi frenético, no estilo trem aparentemente desgovernado que o caracteriza. Mas ele tinha um plano, apenas não o dividiu com ninguém.

Mudar de casa é sempre um estresse. Objetos acumulados ao longo dos anos se misturam e conforme os separamos e embalamos, acabamos percebendo que muitos deles são desnecessários. E o pior: entulham a casa nova (algo que Storm presenciara muitas vezes nas mudanças com os pais...). Storm já vinha pensando em como faria um camelo passar pelo buraco de uma agulha. Do ponto de vista digital, o camelo é um amontoado de 0 e 1 unidos de forma a enxergarmos um camelo — se fossem organizados de outra maneira, os 0 e 1 gerariam outra imagem, uma agulha, por exemplo. Mas o camelo, a agulha ou qualquer outra imagem tem uma quantidade enorme de 0 e 1 desnecessária para que enxerguemos um camelo ou uma agulha. Estão lá porque ninguém realmente se perguntou qual era sua função. Foi isso que Storm fez: criou um algoritmo para limpar a imagem do camelo (a casa) de todos os 0 e 1 (os objetos) que não fariam falta para que pudéssemos enxergar o camelo em um aplicativo de celular (a casa nova com menos coisas). E batizou-o de zipstream — junção da palavra "zip", do popular compactador de arquivos de computador de mesmo nome, e o termo em inglês "stream" ("transmitir" em português) —, ou "transmissão compactada", em tradução livre. O zipstream se transformaria em pouco tempo em duas patentes depositadas nos Estados Unidos; e anos depois Storm as venderia.

O zipstream matava três coelhos com uma cajadada só. Menos 0 e 1 em transmissão consumiam menos 3G, tornavam o fluxo de dados para o celular mais rápido e permitiam ao aplicativo armazenar mais dados dentro do aparelho. Com isso, sobrava mais tempo para que os 0 e 1 que estavam chegando via 3G fossem armazenados, diminuindo a possibilidade de "congelamentos" do vídeo. Simples, mas ninguém tinha feito ainda.

Então, no dia 13 de setembro de 2013, o Rock in Rio foi transmitido pelo aplicativo do Multishow sem sobressaltos, gerando surpresa em muitos e um meio sorriso de Storm. Dali para a frente, todos os shows da Globosat passaram a ser transmitidos dessa maneira. O sucesso como empresário, porém, não mudou uma característica de Storm: a irritação com serviço malfeito e a forma irônica de lidar com ele.

A Copa do Mundo de 2014 foi inesquecível para os brasileiros. A tragédia da derrota de 7 × 1 para a Alemanha será eternamente lembrada como uma das maiores vergonhas já passadas pela seleção brasileira, comparável apenas à derrota para o Uruguai por 2 × 1 na final de 1950, em pleno Maracanã. Mas os amigos e a irmã de Storm têm outra lembrança marcante dessa data. Um dia, Storm anunciou que tinha comprado ingresso para um dos jogos e perguntou quem queria ir. A reação foi de surpresa. Como assim? Como ele havia conseguido comprar aqueles ingressos se meio mundo ficava horas dentro do site da Fifa e nada?

— Fica cinco anos estudando, não pega ninguém e faz um sistema — ele respondeu rindo.

E tudo feito legalmente. Afinal, um empresário não podia cometer ilegalidades — o que não significa dizer que não poderia tirar vantagem do seu conhecimento. E Storm sabe fazer robôs muito bons. Este específico dava "refresh" (atualizava) no site da Fifa a cada cinco segundos, 24 horas, sete dias por semana. Quando conseguia entrar, escolhia o jogo e comprava os ingressos. Tudo absolutamente automático e legal. "Ninguém disse que não podia, e eu não hackeei o site. Apenas usei o que tinha à mão, inclusive, algumas informações que não deveriam ter sido disponibilizadas por quem fez o site."

A principal foi o acesso ao código-fonte do site, o coração que comanda o funcionamento dele. Em tese, essas informações deveriam ficar bem guardadas. Só que não. Storm pegou o código — "estava lá para quem quisesse ver" — e programou o robô para funcionar em linha com o site. Simples assim. O resto é história. O único jogo que não conseguiu comprar foi a final. Ah, e ao "clássico" 7 × 1 de Brasil e Alemanha, ele não foi. Estava trabalhando e não tinha como ir a jogos fora do Rio de Janeiro. Na Cidade Maravilhosa, porém, foi praticamente a todos, inclusive nas quartas de final entre França e a futura campeã Alemanha. No Facebook, Storm deixou uma mensagem carinhosa para a Fifa na linha: "Esse site é um queijo suíço, mas não vou derrubá-lo. Não faço mais isso".

Naquela época, o mundo via os ataques cibernéticos se multiplicarem. O pioneiro dos sites de compra e venda, Ebay, havia tido que pedir aos seus usuários que trocassem suas senhas após descobrir que hackers conseguiram invadir o sistema da empresa e acessaram nomes, senhas, e-mails, endereços, números de telefone e datas de nascimento de todo mundo. Situação semelhante havia acontecido em anos anteriores com o site de armazenamento e compartilhamento de dados Dropbox, com o PlayStation Network, serviço na nuvem da Sony que permite a compra de jogos on-line para o console de video game, e com a rede de varejo americana Target.

No Brasil, era ano de eleição presidencial. Entre os que concorriam estava Aécio Neves, do PSDB. Storm já havia feito a segurança do site da campanha de Aécio a senador em 2010 e desta vez foi convidado para fazer a segurança do site do candidato a presidente. E tome ataque. Todos os dias, mais de uma vez, hackers tentavam tirar do ar ou mudar o conteúdo das páginas. Do outro lado, Storm trabalhava com sua equipe, rechaçando as investidas. No final, o site nunca chegou a ser invadido, mas deu trabalho.

Naquele momento, o uso do Twitter e das fakenews estava começando a explodir como ferramenta política, o que na campanha de 2016 se elevaria a uma potência inédita com Donald Trump, nos Estados Unidos, e depois Jair Bolsonaro, em 2018. Um repórter de uma famosa revista brasileira mandou uma mensagem para Storm dizendo que tinha a informação de que Storm estaria contratando robôs para atacar a então candidata Dilma Roussef. Visivelmente, o repórter não sabia com quem estava falando. Irritadíssimo, Storm apenas respondeu: "Meu irmão, tu não me conhece. Dá uma olhada no meu currículo. Vê se eu preciso comprar robô russo. Se fosse eu, tinha sido robô brasileiro mesmo". Segundo Storm, o que ele fez foi evitar que robôs derrubassem o site de Aécio Neves. O que ninguém sabia naquele momento é que o site estava na nuvem, permitindo uma resposta ultrarrápida a esses ataques.

O termo "computação em nuvem" foi utilizado pela primeira vez em 1997 pelo professor de sistemas de informação Ramnath Chellappa, atualmente na Universidade Emory, nos Estados Unidos. Ele pode ser visto como um grupo de servidores espalhados ao redor do mundo para armazenar informações, executar aplicativos e fornecer serviços aos usuários em qualquer lugar que estejam. Storm usou uma empresa que fornece esse tipo de serviço para colocar, e manter no ar mesmo com os ataques, o site da campanha presidencial de Aécio.

A solução se mostrou extremamente eficaz por um fato simples: "As pessoas são burras. Elas não pensam", comentou Storm. As pessoas às quais ele se refere são os que tentavam tirar o site do ar usando ataques DDOS. Como o site era monitorado 24 horas por dia, Storm e sua equipe sabiam de onde vinha o ataque, a maioria de fora do Brasil. Apertando um botão, conseguiam bloquear as conexões vindas do exterior. E os ataques que vinham de dentro do Brasil não tinham um número suficiente de conexões simultâneas para tirar o site do ar. E havia ainda uma camada a mais de segurança. Caso um ataque começasse a criar instabilidade no site, bastava trocar o *domain name system* (DNS).

Para achar um site no vasto mundo da internet há um sistema, o DNS, que transforma o nome de um site (stormsec.com.br) em um número, um IP. É possível ter vários IPs para um mesmo site. No caso da stormsec.com.br, a empresa de Storm, um dos números de IP é 34.234.171.232. E, quando digitamos stormsec.com.br, o que o computador lê é este número. Agora, no caso de um ataque, há uma enxurrada de acessos a esse número ao mesmo tempo, mas é possível tirar esse número específico da lista de IPs que direcionam para stormsec.com.br. Sem essa informação, o ataque morre no ar. E era isso que a equipe de Storm fazia quando um ataque DDOs era detectado. Pessoas próximas a Storm contam que, ao olhar o mapa de tweets ao redor do mundo durante a campanha de 2014, havia um equilíbrio dentro do Brasil entre a quantidade de tweets do lado de Aécio e de Dilma. No restante do mundo, os tweets pró-Dilma eram absoluta maioria, exceto em um país europeu. O responsável seria um robô e seu artífice era alguém que sabia muito bem o que estava fazendo. Até hoje Storm nega que tenha sido ele o criador do robô.

A carreira de empresário de Storm estava decolando e os desafios se tornavam cada vez maiores. Menos por alguma dificuldade técnica ou conjuntural, mas por uma característica pessoal de Storm: usar o telefone de forma impulsiva, por voz ou por mensagem de texto para falar de temas muito importantes. Ao longo dos anos, isso lhe geraria alguns arrependimentos.

A Liga dos Campeões (Champions League) da Uefa é uma competição anual de clubes europeus de futebol. É certamente um dos torneios de futebol mais prestigiados e mais assistidos do planeta. Desde 2012, o canal Esporte Interativo, atualmente TNT Sports, transmitia pelo seu site os jogos da Liga. O evento era o principal produto da casa. Com os direitos exclusivos, o canal cobrava um valor específico para os assinantes que quisessem assistir apenas a ele. Havia outros produtos, como o campeonato de basquete americano, a NBA, e a Copa do Nordeste, campeonato de futebol disputado por equipes desta região, mas a estrela era mesmo a Champions.

Em 2014, Mauricio Portela, um dos fundadores do Esporte Interativo, estava preocupado com as transmissões ao vivo da

Champions pela internet. As imagens estavam travando e os assinantes começaram a reclamar, uma péssima combinação para o negócio. E Portela saiu à procura de um novo fornecedor. Conhecia Horta Ramos, sabia do trabalho que a Storm estava fazendo com a Globosat e chamou a empresa, e o próprio Storm, para conversar. Gostou do que ouviu e as duas empresas começaram um trabalho para fazer um novo site para as transmissões ao vivo, um aplicativo de celular e um aplicativo para SmartTV para a Champions League 2015, que começaria em agosto.

Contrato celebrado, Storm passou a participar ativamente do projeto, inclusive ajudando a definir, com Portela e sua equipe, qual seria a melhor forma de fazer a transmissão, e trouxe ótimas soluções para o projeto. Mas se tudo correu de maneira razoavelmente tranquila durante a produção do site e dos aplicativos, o mesmo não se pode dizer da transmissão da Champions. Toda vez que as imagens congelavam, era um estresse. E cada vez que isso acontecia, Storm se irritava mais até que em uma das transmissões instáveis ele explodiu.

Até hoje Portela não está absolutamente certo de que o problema que culminou com a finalização do contrato após o final da Champions daquele ano estava 100% no produto desenvolvido pela Storm ou na qualidade da internet. Ele acredita que, no final, havia problema dos dois lados. E nem se lembra exatamente de qual foi o incidente que levou ao rompimento, mas pelo relato de outras pessoas, durante a conversa no chat usada pelas equipes das duas empresas, as palavras usadas não foram bonitas. E aqui as habilidades intelectuais de Storm o atrapalham. A agilidade mental somada à agressividade leva a uma enxurrada de palavras que têm o potencial de destruir qualquer negócio. Muitas vezes, seus argumentos fazem sentido, mas a forma como ele os coloca faz com que perca a razão — e ele sabe disso.

O embate deixou uma certeza dentro de Portela: não era mais possível gerenciar o nível de estresse que a convivência com uma personalidade como a de Storm estava criando na sua equipe, apesar de o próprio Portela ter uma boa relação com Storm. Storm até hoje se arrepende do que falou, mas apagou da mente as palavras exatas. Apenas diz: "Meu temperamento muitas vezes me fode. Eu sei". A língua ferina e a incapacidade de segurá-la ("puxei da minha mãe") acabaram batizadas por Horta Ramos de "stormices".

A capacidade de Storm para resolver problemas complexos também se contrapõe à sua total inabilidade com a vida diária. Noventa e nove por cento do tempo ele não tem ideia de onde está a própria carteira — embora saiba exatamente o que tem dentro dela. As tarefas diárias são uma tortura, deixam-no profundamente aborrecido e levam-no muitas vezes a explodir na vida pessoal e profissional, com consequências para lá de desagradáveis.

O relacionamento com Aurora nunca foi tranquilo. Desde os primeiros meses de namoro tiveram divergências. Coisas de casal, mas que às vezes passavam dos limites fazendo Storm sair intempestivamente de casa. Em uma dessas brigas, quando estava fora, ele teve uma pericardite e foi parar no hospital. Ao chegar lá, Aurora deu de cara com uma moça desconhecida. Um caso do marido que, tecnicamente (segundo Storm), já era ex-marido naquele momento. O diálogo no hospital foi bastante ríspido. Mas Aurora, segundo Storm, será sempre uma amiga. Afinal, os dois têm um filho juntos e a família mora no centro da vida de Storm, embora possa, muitas vezes, parecer o contrário.

Storm tem um histórico de relacionamentos conturbados e uma dificuldade intrínseca de ficar com apenas uma pessoa por um longo período. Na sua visão de si mesmo, são fases, algumas mais calmas e outras menos. A questão é que ele nunca deixou claro, segundo suas namoradas, que gostaria que fosse assim. Apenas em 2020 começou a falar abertamente do tema. Pessoas próximas dizem que ele ainda tem uma queda pela Amada Imortal — embora Storm diga, para quem quiser ouvir, que os dois são apenas bons amigos do tempo de colégio militar.

4K

*A paciência é a fortaleza do débil, e a
impaciência, a debilidade do forte.*

(Atribuída a) Immanuel Kant

O dia 18 de setembro de 2015, uma sexta-feira, não sai da cabeça de Storm. A qualidade das imagens de TV havia se tornado uma corrida maluca ao longo da última década. Com a chegada da TV digital ao Brasil em 2007, a possibilidade de transmitir conteúdo em alta resolução se tornou uma realidade e gerou perspectivas até então presentes apenas na cabeça dos autores de ficção científica — da TV de alta resolução (HD) com qualidade similar à do cinema até a transmissão simultânea em uma mesma tela de diferentes conteúdos ao mesmo tempo. Ninguém queria ficar de fora, mas a transformação também gerou a necessidade de criar equipamentos capazes de funcionar com essa nova tecnologia. Não adiantava apenas os sistemas serem capazes de transmitir as imagens em HD. Era necessário que emissoras de TV, o YouTube, a Netflix e companhia limitada fossem capazes de gerar esse conteúdo no formato e, acima de tudo, que os consumidores tivessem equipamentos compatíveis com a qualidade de uma imagem HD. E foi o que aconteceu.

A produção de televisores de alta definição (HD) explodiria em meados de 2010, mas em 2012 uma nova tecnologia chegaria ao Brasil em televisores da Sony e LG, e deixaria o HD comendo poeira: a 4K. Com uma definição nove vezes maior do que a HD, a resolução da tecnologia 4K está no limite do olho humano, segundo o oftalmologista Paulo Schor.[1] Novamente era preciso que os televisores se adaptassem, e daí surgiu a TV 4K. Quase ao mesmo, as TVs inteligentes (SmartTVs) estavam chegando ao mercado brasileiro e transformariam um aparelho "burro" em um com cérebro ao conectá-lo à internet. E era justamente na combinação SmartTV e 4K que Storm havia apostado. Melhor, em transmitir via aplicativo em SmartTVs 4K o Rock in Rio. Melhor ainda, fazer isso justo na data em que o evento vivia um momento icônico: trinta anos de seu primeiro show em 1985, que o transformou em referência mundial.

Para um cientista da computação, uma bola rolando para o lado direito de uma tela nada mais é do que uma sucessão de 0 e 1 formando pontos luminosos (pixels) que o olho humano interpreta como uma bola. E quanto mais perto um pixel está do outro, maior a definição da tela e melhor distinguimos a imagem. No entorno da bola, um algoritmo busca adivinhar como criar a imagem com esses pixels. É assim que são formadas as imagens, e em 4K é preciso ter muito mais pixels para cada imagem — quatro vezes mais para ser exato. Caso contrário, a imagem fica com pequenos buracos e nosso olho tem a sensação de que falta algo. Fazer a transmissão do Rock in Rio em 4K significava reescrever o algoritmo do zipstream para que ele operasse com quatro vezes mais pixels. E não havia muito tempo.

Storm havia feito essa proposta menos de três meses antes para Horta Ramos. Ao checar o que parceiros achavam da ideia, Horta Ramos ouviu, na versão mais educada, que era impossível. Os outros comentários foram "maluco", "doido", "sem noção". Nada que Horta Ramos não imaginasse e que eram parte da vida diária de Storm. O tempo era curto e transmitir ao vivo um evento em uma SmartTV em 4K por internet nunca havia sido feito na América Latina. Mesmo assim, as principais fabricantes de SmartTVs toparam disponibilizar o aplicativo para ser baixado pelos usuários.

E deu tudo errado. No primeiro dia do Rock in Rio, 18 de setembro, simplesmente não funcionou. As imagens travavam apesar de todo o esforço de Storm e equipe. E assim foi também no dia 19, sábado, e 20, domingo. Mas hackers fracassam a maior parte do tempo, e esse era o tipo de estímulo natural que fazia a mente de Storm trabalhar freneticamente. Naquele final de semana, ele decidiu que o aplicativo iria funcionar nem que tivesse de passar todos os dias acordado até o próximo show do Rock in Rio, no dia 24. E assim foi. Às 20 horas, quando a banda Deftones entrou no Palco Sunset e o grupo Eminence no Palco no Rock Street, a transmissão em 4K finalmente rodou com perfeição. Tão sem problemas que ninguém acreditou que poderia perdurar pelos próximos dias. Mas o aplicativo rodou perfeitamente até Kate Perry encerrar seu show na madrugada perto das 2h30 da manhã do dia 28. E Storm então dormiu por alguns dias seguidos.

Nesse mesmo dia, o telefone de Horta Ramos tocou. Era o então presidente da Globosat, Alberto Pecegueiro, com uma notícia. Havia acabado de receber uma ligação de Roberto Irineu Marinho, então presidente do Grupo Globo. Horta Ramos respirou fundo e se preparou para tomar um esporro homérico. A primeira semana de transmissão em 4K do Rock in Rio havia sido um desastre e ele obviamente receberia uma enxurrada de críticas. Mas não. Foi abertamente elogiado. Por ironia do destino, a SmartTV de Roberto Irineu não havia funcionado nos primeiros dias e ele conseguiu assistir às transmissões apenas a partir do dia 24. Ficou encantado com o que viu. E teceu diversos elogios ao trabalho da equipe.

Ao receber o elogio repassado por Horta Ramos, Storm apenas abriu um sorriso, disse "obrigado" e agradeceu à própria equipe por todo o esforço dos últimos meses, amenizando o estresse que ele mesmo havia gerado com os intermináveis berros. Em muitos momentos Storm parece uma criança birrenta em um corpo de adulto. O fato de ninguém nunca saber qual seu próximo passo faz com que poucas pessoas fiquem muito tempo por perto. E os que conseguem desconsiderar as explosões emocionais adoram e odeiam, ao mesmo tempo, sua personalidade culta, inteligente, sensível, contraditória e impulsiva. Mas uma certeza todos os que convivem com ele — de profissionais a amigos — têm: se algo der errado, Storm vai buscar incessantemente uma forma de resolver o problema. Essa mistura de espírito hacker, nerdice e sensibilidade, tão difícil de classificar, faz com que muitos o considerem excêntrico.

O final do ano de 2015 reservava ainda uma surpresa para Storm. Em dezembro, ele recebeu um telefonema de um amigo. Ele queria indicar a empresa de Storm para o então presidente da Portela, Marcos Falcon. O pedido vinha do carnavalesco da escola, Paulo Barros, que queria um drone para voar entre dois carros alegóricos. Naquele momento, a Storm era a única empresa homologada pela Agência Nacional de Aviação Civil (Anac) para realizar esse tipo de voo. Animado, Storm topou. Só havia um porém. O tempo. Faltavam menos de três meses para o drone voar na Sapucaí.

A Portela é a escola de samba que tem mais títulos do carnaval carioca (22) e que conquistou mais títulos consecutivos. Foram sete vezes de 1941 a 1947. E é a escola de coração de Storm, embora ele também torça para a Caprichosos de Pilares. Assim, o prazo apertado serviu de estímulo e Storm aproveitou para programar um pouco, algo que não fazia há algum tempo, modificando o programa do drone, que emulava um disco voador, para que as luzes piscassem.

No dia 8 de fevereiro, a Portela desfilou. No topo do carro alegórico, "Perdidos no Espaço", Storm, vestido com roupa de inca venusiano, observava o disco voador alçar voo e ir de um carro alegórico para outro. Ele sorria. Junto com ele, o piloto e o designer que criou o layout do drone garantiam que tudo funcionasse perfeitamente. Foi a primeira vez que um drone participou de um desfile de escola de samba como parte da evolução. Em 2014, a própria Portela tinha usado um drone em forma de águia, mas ela havia apenas feito um sobrevoo acompanhando o desfile. Na contagem final dos pontos, a escola ficou com o terceiro lugar. No desfile das campeãs, o drone exibiu uma faixa com os dizeres "Parabéns, Mangueira", homenageando a grande vencedora do carnaval carioca daquele ano.

Nos últimos anos, Storm participa cada vez menos do dia a dia da empresa ("virei a rainha da Inglaterra"). Passa boa parte do tempo fazendo contatos e pensando em novos negócios, tirando uma data muito especial, quando se concentra em criar alguma coisa inovadora e especial: o 1º de abril, conhecido como Dia da Mentira. É costume que empresas de todos os segmentos criem pegadinhas nesse dia. Do Google ao Spotify, passando por Amazon, YouTube, Volkswagem e pelo jornal inglês *The Guardian*, a lista é enorme.

No caso de Storm, as pegadinhas extrapolam os limites do razoável, embora na cabeça dele estejam dentro da "normalidade". Todos os anos, ele demite um funcionário com pompa e circunstância e toda a empresa sabe — menos o demitido — que a pessoa será readmitida logo em seguida com um sorriso e a frase "Primeiro de abril!". A vítima em 2019 foi o gerente de projetos Paulo Conti, amigo de longa data de Storm.

Logo de manhã, Conti recebeu um telefonema sério de Storm dizendo que "a empresa não está indo tão bem, que não ia ter jeito, que infelizmente ia ter de demiti-lo". Apesar de conhecer Storm havia mais de vinte anos, Conti não desconfiou do horário absolutamente incomum para o chefe estar acordado e falante. Preocupado, explicou que a situação estava complicada para ele também, que precisava do emprego, perguntou se não poderiam negociar e que topava até diminuir o salário. A resposta de Storm foi, com voz tristonha, "infelizmente não". Só ao desligar o telefone, Conti se deu conta do que tinha acontecido. Pronto para matar o chefe, ligou para Storm e disse: "Agora quem tá falando é o seu amigo Paulo, não o seu funcionário. Seu fdp, eu vou te encher de porrada...". Do outro lado da linha, Storm gargalhava até quase perder o ar enquanto continuava falando: "Brincadeira de primeiro de abril!".

As "stormices" se estendem também a situações aparentemente inocentes, mas que ninguém em sã consciência acharia normal. Um dia, olhando os extintores de incêndio da empresa, Storm se deu conta de que tinham data de validade. Pronto. Era o que bastava para a criança que mora dentro dele se assanhar e pensar: se vamos ter de trocar, por que não os descarregar no dia da troca? Desde então, todos os seus funcionários sabem que, na data da troca do extintor, o CEO da empresa, o mesmo que invadiu a Nasa, combateu pedofilia e resolve problemas computacionais complexos, pode descarregá-los pessoalmente, divertindo-se como quem ganhou uma bicicleta nova.

O mês preferido de Storm, porém, é maio. Além do de "May the 4th be with you", esse também é o mês em que ele muitas vezes aparece na empresa com uma toalha no ombro. Para ser mais preciso, no dia 25. A imagem não fará nenhum sentido se você não for fã de ficção científica, em especial de *O guia do mochileiro das galáxias*, série cômica criada pelo escritor inglês Douglas Adams.

Em parte devido a seu valor prático: você pode usar a toalha como agasalho quando atravessar as frias luas de Beta de Jagla; pode deitar-se sobre ela nas reluzentes praias de areia marmórea de Santragino v, respirando os inebriantes vapores marítimos; você pode dormir debaixo dela sob as estrelas que brilham avermelhadas no mundo desértico de Kakrafoon; pode usá-la como vela para descer numa minijangada as águas lentas e pesadas do rio Moth; pode umedecê-la e utilizá-la para lutar em um combate corpo a corpo; enrolá-la em torno da cabeça para proteger-se de emanações tóxicas ou para evitar o olhar da Terrível Besta Voraz de Traal (um animal estonteantemente burro, que acha que, se você não pode vê-lo, ele também não pode ver você — estúpido feito uma anta, mas muito, muito voraz); você pode agitar a toalha em situações de emergência para pedir socorro; e naturalmente pode usá-la para enxugar-se com ela se ainda estiver razoavelmente limpa.[2]

Para um nerd como Storm, o dia 25 é motivo de orgulho. A data foi criada para homenagear Adams e, anos depois, se tornaria o dia do Orgulho Nerd, comemorada atualmente em todo o mundo.

Apesar de tudo isso, Storm tem um faro apurado para negócios e usa sua própria vida pessoal como modelo. Até os 36 anos tinha 2,5 graus de miopia no olho direito e 3,5 no esquerdo. Sem conseguir enxergar nada sem óculos — que vivia esquecendo — criou para si mesmo um algoritmo mental para identificar pessoas conforme elas caminhavam em sua direção. Assim ficava mais fácil não dar um fora. E usou essa maneira de pensar para desenvolver um algoritmo de reconhecimento facial que leva em conta não apenas o rosto, mas também o balanço do corpo da pessoa. Quando o criou, no início dos anos 2000, não havia capacidade computacional em máquinas acessíveis aos simples mortais para rodá-lo e o trabalho ficou esquecido até... a Olimpíada de 2016.

Os Jogos Olímpicos, realizados entre 3 e 21 de agosto de 2016 no Rio de Janeiro, reuniram 11 303 atletas de 206 países (além da delegação de refugiados) em 42 modalidades olímpicas em 32 arenas esportivas. Dias antes de seu início, um grupo de extremistas islâmicos publicou no Telegram dezessete técnicas para atentados terroristas durante os Jogos. Entre elas estavam ataques a aeroportos e meios de transporte público, esfaqueamento, envenenamento, sequestro de reféns e veiculação de falsas ameaças. E havia um cronograma para essas ações. Preocupada, a Polícia Federal, além de fazer sua própria análise, contratou os serviços de uma empresa para realizar o monitoramento das pessoas. Mas faltava um software de reconhecimento facial, e essa empresa então procurou Storm, que vendeu a tecnologia que havia desenvolvido anos antes.

Dias depois da ameaça terrorista, onze dos doze suspeitos de planejarem os ataques foram presos pela Polícia Federal no Amazonas, Paraíba, Paraná, Rio de Janeiro, Rio Grande do Sul e São Paulo durante a Operação Hashtag. No final, a Olimpíada de 2016 correu tranquilamente, sem nenhum atentado.

A mesma Polícia Federal — em verdade, um membro dela — procurou Storm no ano seguinte. Essa pessoa estava envolvida na produção do filme "Polícia Federal: a Lei é para Todos", que conta a história da Operação Lava-Jato no Brasil, e não queria que acontecesse com esse filme o mesmo que ocorrera com "Tropa de Elite", lançado dez anos antes. Meses antes de chegar aos cinemas, "Tropa de Elite" vazou e foi parar na internet e em DVDs nas bancas de ambulantes de todo o Brasil. Para evitar algo semelhante, os produtores do filme contrataram uma empresa de segurança, que pediu à empresa de Storm que fizesse a segurança de todo o material gravado — centenas de horas de vídeo em alta resolução.

A solução dada pela Storm foi utilizar uma chave criptográfica de dupla custódia. Uma ficava com Storm e outra com o produtor do filme, Tomislav Blazic. Era preciso as duas para descriptografar o material gravado. E todos os dias isso acontecia para que o material fosse editado. Descriptografa, edita, criptografa, envia para a nuvem e, como camada de segurança extra, havia um backup da nuvem para um disco rígido dentro da Storm.

Afinal, reza a lenda que quem tem apenas um backup não tem nenhum. O filme estreou nos cinemas no dia 7 de setembro de 2017. E quando perguntei se o filme vazou, Storm me respondeu: "Você tá doido? Claro que não vazou. Fui eu que fiz".

Entreatos

> *Se você olhar bem de perto, a maioria dos sucessos que aconteceram da noite para o dia levou muito tempo.*
> Steve Jobs

Vinte de julho de 1969. Apollo 11. Minutos finais do pouso.

Armstrong: "Houston, tudo tranquilo por aqui. A Eagle pousou".
Controle: "Entendido. Estamos quase sem fôlego. Muito obrigado".
Armstrong: "Obrigado. Vamos seguindo. Agora estaremos um pouco ocupados".
Armstrong: "Como estou indo?".
Aldrin: "Você está indo bem".
Armstrong: "Ok. Houston, estou na porta".
Armstrong: "Esse é um pequeno passo para o homem, mas um salto imenso para a humanidade".[1]

Aos 31 anos, o capitão do Exército Wanderley Abreu estava com os olhos grudados na única TV preto e branco da casa em que morava com a mãe e a irmã, em Engenho de Dentro, no Rio de Janeiro. Engenheiro, apaixonado por eletrônica e por novas tecnologias, quase não acreditou que estava vendo a chegada do homem à Lua ao vivo. Emocionado, sacou sua câmera fotográfica e tirou uma foto da tela da TV.

Dezenove de julho de 2019. Sede do Google em Nova York, Estados Unidos.

Na plateia, um sorridente Storm olhava para o palco, onde numa tela aparecia o nome Neuroscan. E Guizmo, nervoso, observava um grupo de pessoas no fundo da sala muito atento à apresentação.

Guizmo é Guilherme Bollman, mas todos o chamam pelo nome da personagem principal do filme "Gremlins", sucesso da década de 1980, com o detalhe do "u" entre o "g" e o "i", que não existe no original, mas é também apelido para "Gui". Conhece Storm desde os tempos da BBS, trabalha com ele e ficou surpreso com o convite para apresentar o Neuroscan no evento "Cinquenta anos da Apolo 11 — Celebrando o passado e construindo o futuro da humanidade no espaço", uma parceria da Nasa com a Google. Guizmo trabalhava com Storm havia cinco anos, mas não participara do desenvolvimento desse software em particular. Storm é quem deveria estar no palco, mas sua personalidade que ama e odeia aparecer estava em conflito. Por ele, teria ficado em casa, no Rio de Janeiro. Só topou ir a Nova York de tanto que uma pessoa próxima o perturbou, alegando que sua presença era obrigatória. Na verdade, Storm achou que seria mais fácil se livrar da conversa simplesmente comprando a passagem e embarcando. No encontro, três empresas de tecnologia demonstrariam o uso de patentes licenciadas pela Nasa em produtos comerciais. Das centenas de inscritas, três acabaram escolhidas. Uma delas foi a Storm.

Ao longo da era espacial, a Nasa desenvolveu e patenteou milhares de tecnologias e, desde 1962, tem um programa de transferência de tecnologia para o uso comercial. Muitas hoje são usadas em celulares, utensílios domésticos e carros. Em 2014, seu acesso se tornou mais simples por ter passado a ficar concentrado em um repositório, um grande arquivo on-line com as patentes e tecnologias da Nasa. Nesse mesmo ano, Storm teve a ideia de incorporar ao Neuroscan um algoritmo patenteado pela Nasa para rastrear planetas e estrelas, tornando-o muito mais poderoso do que o original, usado em 2000 para rastrear potenciais pedófilos e que serve atualmente para, por exemplo, identificar streaming ilegal de conteúdo.

Como já disse, toda imagem digital é formada por milhares de pixels. Essa característica intrínseca das imagens faz com que o Neuroscan sirva tanto para buscar potenciais criminosos na internet como sites piratas que estejam transmitindo imagens de conteúdo protegido. Nos dois casos, ao fazer uma busca e identificar as imagens, ele apenas avisa o que encontrou.

Mas o que fazer com um usuário que assina, por exemplo, um canal de streaming ou uma TV a cabo e distribui esse sinal ilegalmente? Não há uma solução fácil para descobrir quem ele é, a não ser que se possa rastreá-lo desde o instante em que recebe o sinal que irá distribuir. É isso que o Neuroscan faz: coloca uma impressão digital no sinal que o usuário pagante está recebendo. Assim, se o mesmo sinal for encontrado em um site pirata, é possível saber quem o enviou.

Todos aplaudiram de pé. Storm também. E Guizmo, aliviado, respirou.

Apesar da resistência inicial, Storm acabou gostando do encontro. Mas não deixou de reclamar do preço da passagem de última hora.

Pouco depois, Storm fez uma proposta de pesquisa para ser fellow/ visiting scholar no Institute of Latin America Studies (Ilas) da Universidade de Columbia, nos Estados Unidos. O título do trabalho: "Optical Watermark and Video Stream Security AI Algorithm Based on NASA's Image Flow Recognition of Exoplanet Orbits". Era necessário ter duas cartas de recomendação. Uma delas veio de um dos pioneiros da criptografia e ex-professor de Storm no MIT. Por ser confidencial, o nome do professor teve de ser omitido, mas ele considerou a pesquisa de Storm "altamente relevante". Quando recebeu o e-mail de aceite, Storm parecia uma criança que acabou de ganhar o brinquedo mais legal do mundo. Animado, começou a se preparar para embarcar no ano seguinte, 2020, para os Estados Unidos. Mal sabia ele que, em breve, o mundo ficaria preso em casa por conta de um vírus, um simples ser acelular batizado de covid-19 e que faria um estrago comparável à gripe espanhola do começo do século XX.

Lorena Schuenck é técnica em agropecuária e produz morango, couve-flor, repolho e alface na serra fluminense. Moradora de Nova Friburgo, vende sua produção para feiras e mercados no Rio de Janeiro. Ou vendia, até ser pega no contrapé pela pandemia da covid-19 em março de 2020. A situação se agravou rapidamente com o cancelamento de pedidos das feiras e dos mercados, o que fez a situação financeira da família se deteriorar.

Ainda em março, Lorena recebeu um telefonema de um tal Wanderley Abreu Junior. E ele disse que queria ajudá-la. Juntamente a outros três amigos, Storm teve a ideia de criar uma plataforma digital para unir o produtor rural diretamente ao consumidor final. Naquele momento, produtores como Lorena já estavam jogando fora 60% da produção, e a situação não parava de se agravar. A plataforma Jaeé Market entrou no ar pouco depois, em abril de 2020, e reverteu a tendência de queda, ajudando muitos produtores como Lorena.

Algum tempo depois, Lorena carregava sua pick-up com caixas de cenoura e ficou surpresa quando Storm entrou na frente dela, pegou as caixas e as colocou na Saveiro vermelha. Ela disse que não precisava de ajuda e que fazia aquilo sempre, mas Storm ignorou e naquele dia não a deixou carregar sequer uma caixa. Lorena achou estranho. Estava acostumada a lidar com pessoas da Zona Sul do Rio de Janeiro e elas não eram muito de colocar a mão na massa. Até o dia em que a assistente de Lorena perguntou se ela já tinha jogado o nome de Storm no Google. Não, não havia. Não tinha por que fazer isso. Ele estava ajudando e pronto. Mas, curiosa, dias depois seguiu a sugestão da assistente.

"Ele tem esse jeito supersimples de ser. Não faz diferença entre as pessoas. No dia em que nos visitou comeu conosco no refeitório, com todo mundo. Lavou o prato. Não imaginava que ele já tinha feito tanta coisa na vida!"

Mas algo não ia bem. Problemas no site do Jaeé, que começaram a surgir depois de sua implementação, eram apenas a ponta do iceberg numa crise na sociedade de Storm com os amigos, que se desmancharia em poucos meses. Em julho de 2020, ele criou uma plataforma com um dos ex-sócios, o Mercado Gaia, e outro ex-sócio ficou com o site original.

O Mercado Gaia chegou a preparar mil cestas em uma semana, o equivalente a quatro toneladas de alimentos, ajudando mais de oitenta pequenos produtores rurais do entorno do Rio de Janeiro. A plataforma digital também aumentou o lucro dos produtores, que se tornaram menos dependentes dos intermediários e agora podem continuar a fazer negócios on-line mesmo com o fim da pandemia. E se alguém quiser fazer uma doação para pessoas em situação de risco, a plataforma também permite que se enviem verduras, legumes e frutas para instituições de caridade, que as distribuem na comunidade.

Algumas vezes, o próprio Storm trabalhava na entrega das cestas, sempre incógnito. E aqui entram também atitudes como pagar o tratamento de câncer de uma pessoa próxima, a faculdade de outra e por aí vai. Assim como o tempo em que viveu em Portugal, esse é um tema de que pouco fala. Nesse caso, não por contrato, mas por seguir a filosofia de que "O bem se faz. Não se fala".

Mars 2020

A veces me encuentro con personas que han tenido éxito muy rápido y muy jóvenes, y pienso: "¡Pobres! ¿Sabrán surfearlo y sobrevivir a ello? ¿Logrará su alma permanecer a salvo de sus logros?".*

Joan Garriga Bacardi

[00:02, 18/02/2021] Wanderley Abreu Junior: Tudo certo por aqui.
[00:02, 18/02/2021] Wanderley Abreu Junior: Agora só Deus... rezai... 17:55

Storm não é exatamente uma pessoa de fé. Não é do tipo que frequenta uma instituição religiosa, embora tenha batizado o filho no Cristo Redentor. Mas, no icônico dia do pouso do rover Perseverance em Marte, em 18 de fevereiro de 2021, as últimas palavras que me endereçou foram "rezai", seguido do horário do pouso, "17:55".

* Às vezes me deparo com pessoas que obtiveram sucesso muito rápido e muito jovens, e penso: "Coitados! Saberão direcioná-lo e sobreviver a ele? Conseguirá sua alma ficar segura das próprias realizações?"

Poucas horas antes, havia me enviado outra mensagem:

[20:36, 17/02/2021] Wanderley Abreu Junior: Último teste é por volta de meia-noite.

[20:36, 17/02/2021] Wanderley Abreu Junior: Só teve uma alteração major que acabei de fazer.

Para um leigo, uma alteração "major" não é o tipo de mudança feita sem medo em um sistema de comunicação de uma nave que está prestes a pousar em Marte, a cerca de 54,6 milhões de quilômetros da Terra — uma distância enorme, mas a menor que se consegue percorrer entre a Terra e Marte, e que ocorre a cada dois anos por conta do posicionamento relativo entre os planetas. Nada é trivial em uma situação dessas. Um sinal enviado pelo Perseverance demora de onze a trinta minutos para chegar à Terra, dependendo da posição entre os planetas, e o mesmo tempo para voltar. Cada mudança tem de ser feita de modo pensado e calculado. Um erro pode jogar no lixo um investimento de mais de 2,7 bilhões de dólares e o trabalho de uma equipe de milhares de pessoas, que começou a ser projetado em 2012. Mas para Storm — ou para outro engenheiro que estivesse nessa posição — é apenas uma função a ser cumprida. Com conhecimento e técnica.

A "major" feita por Storm foi mudar a antena utilizada para enviar informações de telemetria à Terra: temperatura, pressão, combustível, entre outros dados. Foi trocado o envio de informações pela antena Capcom — que transmite, por exemplo, imagens — para o da antena principal, responsável pelo envio de mais de 99% das informações trocadas entre a sonda e o Jet Propulsion Lab, o centro de controle da Nasa, na Califórnia, que cuidava do desenvolvimento e do uso de sondas espaciais não tripuladas. E Storm não sabe até hoje por quê. Apenas executou a modificação, mas tem uma suspeita. Algum sistema estava gastando muita energia, e a direção da equipe queria economizar o máximo dessa energia antes do pouso.

O principal objetivo científico do Perseverance é buscar evidências de vida pregressa em Marte — sinais fósseis de que o planeta vermelho tenha sido habitado entre 4 e 3 bilhões de anos atrás. Nenhuma outra missão a Marte chegou perto disso, desde que as Vikings I e II lá pousaram, em 1976, e a Curiosity, em 2012.

As 23 câmeras de altíssima resolução do Perseverance transmitirão milhares de imagens para a Terra ao longo dos dois anos que ficará em Marte. Enviar essa quantidade de dados para a Terra será como passar um camelo no buraco de uma agulha. Essa é a missão da equipe da qual Storm faz parte: fatiar e enviar os dados para a Terra da forma mais rápida possível.

Mas Storm quase não participou do pouso do Perseverance. Em dezembro de 2020, dois meses antes da bem-sucedida chegada da sonda a Marte, passou mal em casa e foi para o hospital investigar o que tinha acontecido. O resultado: 70% da artéria coronária principal estava entupida. Segundo seu médico, mais um pouco e Storm teria um infarto do coração. A solução: colocar um stent, um tubo expansível, geralmente de metal, dentro da artéria para "desentupi-la", abrindo suas paredes. Uma operação simples, mas Storm não queria submeter-se a ela de jeito nenhum. Como não tinha outra solução, colocou o stent no dia 15 de dezembro de 2021.

Logo após o procedimento, perguntei a ele como se sentia. A resposta: "Com fome. Cheio de dor de cabeça de fome". A sensação não iria perdurar muito tempo, e não porque os médicos o liberaram para comer, mas porque ele mesmo deu um telefonema encomendando um sanduíche de salpicão de frango. Faltava apenas um detalhe: como fazer o sanduíche entrar incógnito. O bolso interno da jaqueta de um amigo foi a solução e Storm, sob os protestos da irmã Alessandra, sua acompanhante, deleitou-se com o sanduíche. Dias depois, perguntei a ele se estava seguindo as recomendações médicas e tomando os remédios: "Tudo bem, indo bem... Seguindo algumas, outras não. Vamos lá", foi a resposta. O impulso de não aceitar regras continua mais vivo do que nunca, fazendo com que Storm simplesmente ignore limitações. Dois dias antes do pouso do Perseverance em Marte, recebi uma mensagem dele.

[01:05, 16/02/2021] Wanderley Abreu Junior: Chega quinta
[01:05, 16/02/2021] Wanderley Abreu Junior: Quero ficar quarta sozinho
[01:05, 16/02/2021] Wanderley Abreu Junior: Ta dando merda aqui
[01:06, 16/02/2021] Wanderley Abreu Junior: Preciso dar um rumo pra minha vida... preciso fixar [sic] um dia sozinho aqui
[08:11, 16/02/2021] Wanderley Abreu Junior: Amanhã tenho que produzir uns negócios eu preciso ficar sozinho... To muito nervoso...
[08:11, 16/02/2021] Wanderley Abreu Junior: Ando fazendo umas merdas e tenho que focar...

Ele se referia a um enrosco com a namorada no final de semana. Porém, no dia do pouso, quinta-feira 18 de fevereiro, quando o encontrei, era como se nada tivesse acontecido. Deitado no sofá com o celular na mão, estava pronto. Nervoso, mas absolutamente focado esperando o pouso.

O desconforto de Storm era visível na forma que se comunicou com seu próprio computador durante todo o procedimento de pouso — e pela falta do companheiro de todas as horas, o celular, que ficou largado na mesa, do outro lado da sala. A cada fase do procedimento de pouso cumprida com sucesso, ele sussurrava a próxima. Um olho na tela e a mão no mouse, como se pudesse controlar a chegada do rover. Até que veio a confirmação. Pouso bem-sucedido. Lágrimas. E o celular começou a apitar sem parar. Hora de entrar ao vivo na TV para falar do pouso.

No dia seguinte, volto para São Paulo para continuar a escrever. Cinco dias depois, recebo uma mensagem de Storm: "Chegou bem em São Paulo? Vivo? Podia ter falado que chegou bem né? Assim... já tava esperando uma ligação da polícia".

O estilo irônico-preocupado é outra de suas características, embora ele provavelmente nunca vá confessá-la. De forma semelhante, tem a mania de anunciar seus novos projetos de supetão, como no dia em que me enviou um PDF com o nome Robox. Abri e era um projeto educacional para crianças baseado na cultura Maker — parte fundamental da sua forma de enxergar a vida e que prega a ideia de que as pessoas devem ser capazes de fabricar, construir, reparar e alterar objetos com as próprias mãos.

Daí surgiu o Robox, um kit Maker para auxiliar no ensino da robótica para jovens inventores com material para alunos e professores. A ideia de Storm é que ele seja usado em salas de aula do Ensino Fundamental II (de onze a quinze anos). Em maio de 2022, a Escola Americana do Rio de Janeiro adotou o projeto e vai traduzi-lo para o inglês, passando a se chamar Bot'n'Box.

O conceito de aprender experimentando é a base da cultura Maker e foi a base de aprendizado do próprio Storm, que passa dias tentando, errando, aprendendo e tentando novamente até acertar; seja ao investigar o funcionamento de sistemas de segurança, seja criando novos negócios ou na vida pessoal. E não deixa de ser uma forma de provocar o mundo e dizer que, no final, apesar de tudo, é ele, Storm, quem está certo na forma de viver e agir.

James Webb

Hey, you, bastards. I am still here.
Papillon

Storm nunca esqueceu a imagem da explosão do Challenger em 1986. Tinha oito anos e estava na casa do avô. Quatro anos depois, outro ônibus espacial, o Discovery, levou o maior telescópio do mundo, o Hubble, para o espaço. Mas foi seu sucessor, o James Webb, que mudaria a vida de Storm.

Criado para explorar as profundezas do Universo, o Hubble foi construído a um custo, em 1990, o ano de seu lançamento, de 6 bilhões de dólares. Mas o que era para ser um feito histórico da engenharia produziu, logo após sua entrada em órbita, apenas imagens desfocadas. O problema, fruto de um erro de dois milésimos de milímetros no polimento do seu espelho principal, demorou mais três anos para ser resolvido, com a instalação de uma espécie de óculos por astronautas enviados especialmente para a missão. E o Hubble cumpriu *summa cum laude* seu intento. As descobertas com suas imagens vieram uma atrás da outra: a idade do Universo, o fato de ele estar se expandindo, a massa e o tamanho da Via Láctea, planetas orbitando estrelas distantes, entre dezenas de outras. Projetado para ser constantemente atualizado, o Hubble está há mais de trinta anos no espaço e continua a gerar dados fundamentais para o entendimento do Universo. Mas toda missão tem um fim.

O telescópio espacial James Webb provavelmente seja a obra de engenharia mais complexa já feita por seres humanos. Mais de 1400 pessoas de catorze países trabalharam nela, em uma empreitada conjunta da Nasa, da Agência Espacial Europeia e da Agência Espacial Canadense. É também o projeto mais caro já realizado por elas: o custo total é de 10 bilhões de dólares. E seu lançamento atrasou mais de dez anos. O sucessor do Hubble deveria ter ido ao espaço em 2007, mas uma série de dificuldades técnicas adiaram seu lançamento para o dia 25 de dezembro de 2021.

Girando em torno do sol a uma distância de cerca de 1,5 milhão de quilômetros da Terra, o James Webb irá captar a radiação infravermelha com sua lente principal, que tem 6,5 metros de diâmetro. Ele irá expor a formação das primeiras galáxias e estrelas, permitir o estudo da evolução das galáxias, possibilitar a análise da produção de elementos químicos pelas estrelas, bem como dos processos de formação das estrelas e dos planetas. Mas, para isso, sua lente terá de ficar resfriada a uma temperatura de menos 220°C. Uma necessidade resolvida pelos cientistas colocando um escudo protetor do tamanho de uma quadra de tênis na frente dela.

Transportado de Redondo Beach, na Califórnia, Estados Unidos, até a base de lançamento na Guiana Francesa em outubro de 2021, o James Webb subiu ao espaço em um foguete Ariane 5, a Ferrari dos lançadores de satélites. Mas, mesmo para o Ariane, o telescópio espacial foi um desafio. Para caber no foguete, ele foi dobrado e mostrou todo seu esplendor apenas catorze dias após seu lançamento, em 8 de janeiro de 2022.

A escolha da Guiana Francesa, território da França que faz fronteira com o Brasil e o Suriname, foi estratégica. Pouco acima da linha do Equador, o local permite minimizar a energia necessária para colocar um satélite em órbita. O país tem também, na costa leste, mar aberto, lado para onde foguetes são preferencialmente lançados para aproveitar o momento angular — como se fosse um empurrãozinho — fornecido pela rotação da Terra. E, se algo der errado, as chances de os estágios inferiores do Ariane 5 — que se desacoplam conforme ele sobe — e outros detritos caírem sobre nós, humanos, é basicamente nula.

Por cerca de 26 minutos, o foguete Ariane 5 empurrou suavemente o James Webb ao espaço no céu nublado da Guiana Francesa, desconectando-o de seus motores a 10 400 quilômetros da superfície terrestre. Storm assistia ao lançamento pela internet, se lembrando, a cada etapa completa, das inúmeras vezes que percorreu a 220 quilômetros por hora os vinte quilômetros que separam o aeroporto internacional de Frankfurt, na Alemanha, da pequena cidade de Darmstadt. Lá fica o Centro Europeu de Operações Espaciais (ESOC), que controla satélites e sondas espaciais, entre elas as do Projeto Galileo e do James Webb, e também uma das escolas de engenharia mais importantes da Alemanha, a Universidade Técnica de Darmstadt.

Darmstadt é uma cidade de histórias. Sua escolha para abrigar o ESOC em 1967 não foi vã. A ligação da região com ciência e tecnologia data da segunda metade dos anos 1800, com a criação da Universidade Técnica de Darmstadt, até hoje uma das mais respeitadas da Alemanha e casa de uma longa lista de prêmios Nobel, empreendedores e homens de negócios; a cidade também foi lar da fábrica de produtos químicos e farmacêuticos comandada por Eugene Merck, que daria origem à multinacional farmacêutica de mesmo sobrenome. Totalmente destruída por um bombardeio aliado durante a Segunda Guerra Mundial, Darmstadt foi reconstruída e atualmente um terço dos seus cerca de 150 mil habitantes é de estudantes que frequentam suas universidades. A cidade abriga também o GSI Helmholtz Instituto para Pesquisa de Íons Pesados que sintetizou seis novos elementos da tabela periódica — bóhrio, meitnério, hássio, darmstádtio, roentgênio e copernício. E o mais famoso deles — bastante utilizado, mas bem menos explicitamente falado — sintetizado pelo químico alemão Anton Köllisch enquanto trabalhava na Merck em 1912 na busca de substâncias capazes de ajudar na contenção de hemorragias: a metilenodioximetanfetamina (MDMA), conhecida popularmente como ecstasy.

Perguntei a Storm como se sentia com o sucesso do lançamento do James Webb. "As merdas da minha vida me definiram. Eu enfrentei o establishment. E terminei aqui. Não tá ruim, não, né?" "E agora?", indaguei. "Missão Artemis!", foi a resposta.

O James Webb é apenas mais um passo para outro objetivo de Storm, o Programa Artemis, que tem o intento de levar a primeira mulher a um pouso na Lua em 2025. Será a primeira vez que um ser humano pisará em solo lunar desde que o astronauta Harrison Schmitt andou por lá em dezembro de 1972, durante a missão Apolo 17. O valor da empreitada, uma parceria da Nasa com empresas espaciais privadas, está em 34 bilhões de dólares, e Storm participará dela na área de comunicação de forma semelhante ao seu trabalho no Perseverance. E com um detalhe extra.

O software de transmissão das imagens para a Terra deve ser uma versão turbinada do zipstream. Em novembro de 2021, Storm assinou um documento para vender as duas patentes do zipstream que estão depositadas nos Estados Unidos para o braço de uma grande multinacional de origem americana. As negociações o levaram a "pela primeira vez na vida ler um contrato de mais de quinhentas páginas".

Mas Storm gosta de novidades. Sempre. E, em janeiro de 2022, tornou pública uma plataforma em que ele e um grupo de investidores privados trabalhavam em silêncio havia mais de três anos.

Storm sempre desconfiou de criptomoedas. Na sua análise, elas eram especulativas demais, não tinham nenhuma segurança — embora reconheça os lucros imensos que se pode fazer com elas e encare o mercado cripto como altamente atrativo.

Assim, durante algumas horas da madrugada de uma segunda-feira qualquer de fevereiro de 2022, programou um robô para comprar e vender criptoativos. Segundo ele, o robô não estava tão bom quanto deveria, mas já era capaz de comprar e vender dentro dos parâmetros estabelecidos por ele. E, conforme este robô fosse aprendendo os padrões, ficaria realmente bom.

A visão de Storm sobre criptomoedas mudou quando ele conseguiu pensar em uma forma de diminuir o risco: criando uma criptomoeda (Betcoin) conectada a uma plataforma on-line (matchbet.io) em que gamers apostam quem irá ganhar uma partida de jogos de habilidade já mundialmente utilizados como League of Legends (LOL) e Counter-Strike: Global Offensive (CSGO). Assim, quanto mais as pessoas usam a MatchBet para apostar nos resultados, mais a Betcoin ganha fôlego e se valoriza. E quem não gosta ou não sabe jogar on-line pode comprar a Betcoin ou ainda NFTs (tokens não fungíveis) criados para aumentar a capacidade dos jogadores de gerar renda na plataforma e também de participar dos percentuais de lucro da MatchBet. Na linha de diversos fan tokens, quem tiver Betcoins poderá votar em decisões sobre o futuro direcionamento da MatchBet, uma forma de manter a plataforma conectada aos anseios de seus usuários.

O conhecimento técnico de Storm faz muita diferença. A MatchBet tem um sistema de reconhecimento de vitórias que trabalha em tempo real, com duas etapas de verificação, e agrega diversos mecanismos que praticamente impossibilitam qualquer tipo de fraude ou mentira — uma área que, digamos, Storm conhece bem dos dois lados.

Ele ficou tão animado que, pela primeira vez, contrariando uma regra autoimposta, decidiu ser o garoto-propaganda da empreitada e colocou a cara nas redes sociais para divulgar o projeto.

Storm, no entanto, não consegue ficar parado. Em abril, criou mais um projeto, o Brasil 200, para enviar uma sonda para a Lua, em celebração aos duzentos anos da Independência do Brasil. O projeto é uma parceria de empresas, a StormGroup entre elas, com institutos de pesquisa brasileiros. A sonda será embarcada em um rover americano para mapear pontos da superfície lunar, trazendo informações essenciais para futuras viagens de astronautas à Lua.

Para que o projeto seja viabilizado, será necessário captar cerca de 2 milhões de dólares até junho de 2023. A sonda faz parte da iniciativa Fly Now Space Club, uma comunidade que tem o objetivo de investir em pesquisas científicas no espaço e que é capitaneada pela Cimed, terceira maior farmacêutica brasileira em volume de vendas do Brasil. O projeto está sendo financiado pela venda de uma coleção de 119 Non Fungible Tokens (NFTs) no OpenSea, maior marketplace do tipo na internet. Os NFTs — 114 avatares de astronautas e cinco artes audiovisuais — foram criados pelos Abdala Brothers, parceiro dos projetos, com preços que variam entre cem e quinhentos dólares. O projeto conta ainda com a participação da Airvantis e do Seldor Capital.

No dia a dia, Storm continua a expor a falta de segurança dos mais diversos sistemas. Em 20 de fevereiro de 2022, voltando de São Paulo para o Rio de Janeiro, ele me enviou uma foto de um dos painéis do Aeroporto Santos Dumont no Rio de Janeiro. Por um erro qualquer, no centro dela aparecem o login e a senha de uma pessoa (inclusive com o nome dela). Storm me diz que com aqueles dados é possível entrar não apenas naquele computador, mas provavelmente em todas as máquinas conectadas a ele. Cinco minutos depois, recebo um áudio dele rindo, informando que já tinha encontrado um bug no sistema do aeroporto e que poderia realmente pegar os tais logins e senhas. Mas no mesmo momento me lembrou que, no final, o conhecimento traz responsabilidade, então não ia fazer nada com aquilo. Não antes sem xingar a inaptidão dos administradores do sistema.

No mesmo dia 20 de fevereiro ele publicou em seu Instagram a foto que tinha me enviado com o seguinte aviso: "Sistemas superseguros!", e marcou na postagem a administração do Aeroporto Santos Dumont. Em 27 de maio, dois meses e sete dias depois, Storm me enviou imagens de vídeos pornôs passando nos totens do mesmo aeroporto com a mensagem: "Não foi por falta de aviso". Meia hora depois, começo a receber em diversos grupos uma enxurrada dessas imagens. Em poucos minutos já estavam em todos os portais e sites de notícias de internet: "Totens do Santos Dumont hackeados". Perguntei a Storm o que ele achava da situação. "Uma tragédia anunciada. As pessoas procuram soluções baratas que acabam ficando caras. Incompetência total."

A Storm Brasil continua realizando seus trabalhos e tem hoje mais de cem funcionários. Storm acompanha de longe o desenvolvimento da empresa tocada por um trio — o que não significa que a equipe não ligue para ele para pedir uma mãozinha quando tropeça em um problema técnico.

E agora?

> Conheci criminosos bons, policiais e padres ruins e ladrões honrados. Você pode estar do lado da lei ou não. Mas quando fizer um acordo com alguém, cumpra a sua palavra.
>
> Mike na série *Better Call Saul*

A chuva leve turvava a vista da ilha em Angra dos Reis. Apenas um pequeno barco com duas pessoas navegava calmamente ao longe. Uma delas trazia uma vara de pescar na mão. No dia anterior, Storm havia cozinhado e não ficara exatamente feliz com a qualidade do peixe. De manhã cedo, ao acordar, não o encontrei em casa. Não seria surpresa nenhuma se ele tivesse simplesmente entrado no carro e ido embora. Mas a ausência do caseiro e a mesa posta para o café da manhã me chamaram a atenção, além do portão que dá para a pequena praia ao lado do deck estar aberto. Horas depois, Storm volta triunfante com vários peixes recém-pescados e pronto para fazer o almoço.

Aos 44 anos, continua seguindo o lema de que nada é impossível. Tudo pode ser aprendido, apenas demanda tempo. E faz disso o mote da sua vida. Continua analisando o que acontece na área de tecnologia, observando em silêncio o funcionamento de sistemas operacionais, firewalls e todo tipo de segurança on-line. E constata que pouco se avançou nesse quesito, em especial no âmbito governamental brasileiro.

Em novembro de 2020, hackers invadiram o site do Tribunal Superior Eleitoral (TSE) e capturaram dados administrativos de funcionários e de ex-ministros do Tribunal entre os anos de 2001 a 2010. Nada relacionado com as eleições, como chegou a ser especulado; mesmo assim, preocupante. Algo semelhante aconteceu com o Superior Tribunal de Justiça (STJ), que foi alvo de um ataque hacker que bloqueou, com o uso de criptografia, o acesso a dados dos processos em andamento no tribunal — o STJ é a terceira instância entre os tribunais no Brasil, ficando abaixo apenas do Superior Tribunal Federal (STF). Os dados foram recuperados via backup. Ao analisar esse cenário, Storm diz apenas que é muito alarmante o tipo de brecha de segurança que ainda existe nesses sites. Não deveriam estar ali em hipótese nenhuma.

"Há mais de vinte anos, um grupo de hackers que se intitulava Resistência 500 invadiu o site do Planalto, do STF e do Ministério da Ciência e Tecnologia. Tudo ao mesmo tempo. Parece que estamos vivendo um déjà-vu ruim desse tipo de coisa, invasão em massa de sites governamentais. A diferença é que naquela época os hackers tinham mais a cabeça de protestar contra o sistema e hoje o objetivo é grana mesmo."

Maria (nome fictício) é uma influencer digital amiga de Storm com milhares de seguidores. No meio de 2021, uma de suas contas foi hackeada e, apesar de todos os esforços, ela não conseguiu recuperá-la. Desesperada com a situação, procurou Storm. Ele disse que ia ver o que poderia fazer. Dali a dois dias, Maria postou em seu perfil na rede social em questão um agradecimento emocionado a Storm por tê-la ajudado a recuperar o controle da conta. Storm nunca contou o que fez para devolver o perfil para Maria. Apenas comentou rindo que há diversas formas. E completou: "Nesse caso é o banco de dados da rede social. Sempre foi uma bagunça. Desde que começaram. Se você sabe como eles trabalham, fica fácil".

Apesar da aparente tranquilidade, Storm sempre se preocupou com a própria segurança, uma situação que ficou mais delicada após o nascimento do filho, e boa parte da sua forma de agir é fruto desse entendimento. Continua sendo convidado para os mais diferentes projetos públicos e privados e agindo segundo sua própria ética, sempre com dois referenciais em mente: não permitir abusos, sejam eles quais forem, e cumprir suas promessas. As que faz para si e para os outros. Não importa quais sejam ou quanto tempo demorem.

A luta contra a pedofilia é a principal delas. Sempre em silêncio, agora trabalhando por conta própria, rastreando sites, tirando servidores do ar e seguindo contas bancárias que já o levaram a lugares inimagináveis. Mas, apesar de todo o esforço, sabe que está em uma missão impossível. É necessário que haja muito mais gente, muito mais recursos para que o combate à pedofilia seja realmente eficaz. "Eu sei que estou enxugando gelo, mas se uma única criança for salva, terei cumprido minha missão."

Segundo o artigo 13 do Estatuto da Criança e do Adolescente (ECA), você deve fazer uma denúncia no caso de suspeita ou confirmação de violações de direitos humanos de crianças e adolescentes, de qualquer tipo, incluindo a violência sexual (abuso ou exploração sexual).

Disque Direitos Humanos: disque 100 de qualquer parte do Brasil.

Aplicativo Direitos Humanos BR: disponível para Android e ios.

Telegram Direitos Humanos BR: digite "Direitoshumanosbrasilbot" na busca do aplicativo.

Ouvidoria Nacional de Direitos Humanos: denuncie no site <ouvidoria.mdh.gov.br>. A Ouvidoria é o órgão responsável por receber e analisar violações de direitos humanos de todo o Brasil, e agora é possível fazer denúncias relacionadas ao Disque 100 e ao Ligue 180 diretamente nesta plataforma.

Safernet: denuncie crimes contra os direitos humanos na internet, incluindo pornografia infantil, no site <new.safernet.org.br/denuncie>.

Centro de Apoio Operacional (CAO) do Ministério Público: todos os estados do Brasil contam com um CAO, que pode e deve ser acessado na defesa e garantia dos direitos das crianças e adolescentes.

Você também pode denunciar casos de violência contra adolescentes e crianças no **Conselho Tutelar** do seu município, nas **Delegacias Especializadas** ou na **Delegacia da Mulher** (caso seu município não tenha essas delegacias, você pode se encaminhar a uma delegacia não especializada).

Os **Centros de Referências de Assistência Social** (CRAS) realizam a atenção básica à população. Os **Centros de Referência Especializados de Assistência Social** (CREAS) incluem atendimento psicossocial a crianças e adolescentes vítimas de violência sexual. Acesse mds.gov.br para localizar as unidades de seu município.

Aplicativo Linha Direta: disponível para Android e iOS, permite enviar e receber alertas de emergência de maneira rápida e precisa.

Agradecimentos

Este livro narra os primeiros 44 anos de vida de Wanderley José de Abreu Junior (Storm). Reconstruir essa trajetória — especialmente os vinte primeiros anos, em que não havia uma ferramenta como Google — foi uma tarefa árdua que contou com a colaboração inestimável de (em ordem alfabética): Alessandra Abreu, Alessandro Forel, Alexandre Henrique Chimenti Coelho, Ana Caroline Rocha, Ana Claudia Guimarães, Antonio Carlos Castañon, Aurora Rocha, Bernardo Sampaio, Flavia Alvares Fernandes, Gabriela Costa e Silva, Guilherme Bollman, Gustavo Horta Ramos, Julio Botelho, Junia Mamedir, Luan Garcia, Luiz Felipe Pimentel, Marcelo Kalichstein, Marta Serrat, Mauricio Portela, Ney Doria Junior, Paulo Conti, Pedro Trengrouse, Rafael Oliveira, Roberta Salomão, Romero Lyra, Sergio Spinola, Silvia do Valle, Ubirajara Favilla, Walter de Sá Cavalcante, Waldeth Abreu e Wanderley Abreu (pai). E, em especial, o próprio Storm, em nossas longas horas de conversa por WhatsApp, pessoalmente e por telefone.

    A maior parte deste livro foi escrita durante a pandemia de covid-19, e não teria sido possível sem o apoio incondicional e a paciência infinita da Gabriela. Ela esteve presente nos dias mais escuros da minha alma em que eu não conseguia escrever. E nos mais luminosos, em que encontrei novos caminhos.

João Gabriel, Lívia, Helena e Ana Júlia ouviram o pai contar e recontar as histórias do Storm, enquanto tentava achar uma melhor forma de escrevê-las. Paciência é uma virtude, certo?

Lorena Nobel me ajudou a escrever a sinopse do livro e a enviou ao Grupo Companhia das Letras, onde Marcelo Ferroni "comprou" a ideia desta biografia e me deu a chance de usufruir dos talentos de Daniela Duarte, que, com olhar aguçado e ajustes cirúrgicos, melhorou o texto enormemente.

Notas

PRÓLOGO [pp. 11-23]

1. Segundo o Speedtest Global Index. Disponível em: <www.speedtest.net/global-index>.
2. Kevin Mitnick. *Fantasma no sistema: Minhas aventuras como o hacker mais procurado do mundo*. São Paulo: Alta Books, 2018.
3. Disponível em: <www.phrack.org/archives/issues/7/3.txt>.

HACKEANDO [pp. 34-51]

1. Companhia de telecomunicações norte-americana, fundada em 1885 como American Telephone and Telegraph Company.
2. Michael Cross; Debra L. Shinder. *Scene of the Cybercrime*. Massachusetts: Syngress Publishing, 2008, p. 45.
3. Shaun Usher (Org). *Cartas extraordinárias: Amor*. São Paulo: Companhia das Letras, 2020.

OPERAÇÃO CATEDRAL-RIO [pp. 65-83]

1. Martin Bright; Tracy McVeigh. "This club had its own chairman and treasurer. Its business was child abuse", *The Guardian*, 11 fev. 2001.

2. Lei americana sobre direito autoral, que criminalizou não apenas a infração contra direito autoral em si, mas também a produção e a distribuição de tecnologias que permitam evitar as medidas de proteção aos direitos de autor.
3. *Popular Mechanics*, Hearst Magazines, v. 176, n. 8, ago. 1999.
4. TJ/RJ, HC nº 1.916/00, 6ª CCrim., Rel. Des. Eduardo Mayr, j. 27.07.00, m.v.
5. Disponível em: <www.planalto.gov.br/ccivil_03/leis/2003/l10.764.htm>. Grifos meus.
6. "Arquiteto é acusado de pedofilia por mulher que conheceu na internet", *Imirante.com*, 25 abr. 2005.

BUG DO MILÊNIO [pp. 84-104]

1. A frase "Entretanto, ela se move" é atribuída a Galileu Galilei (1564-1642), que a teria pronunciado diante de um tribunal da Inquisição em Roma, em 1633, cujo objetivo era fazer Galileu refutar publicamente sua convicção de que a Terra girava em torno do Sol.
2. Jill Treanor. "Leeson forgotten as the Baring name goes to US". *The Guardian*, 23 nov. 2004.
3. Tradução livre de: "In this paper, we present Google, a prototype of a large-scale search engine which makes heavy use of the structure present in hypertext. Google is designed to crawl and index the Web efficiently and produce much more satisfying search results than existing systems." Disponível em: <www.sciencedirect.com/science/article/abs/pii/S016975529800110X?via%3Dihub>.
4. Relatório completo disponível em: <www.amper.ag/post/we-are-social-e-hootsuite-digital-2021-resumo-e-relat%C3%B3rio-completo>.
5. Disponível em: <https://ee.stanford.edu/~hellman/publications/24.pdf>.
6. "How to factor 2048 bit RSA integers in 8 hours using 20 million noisy qubits". Disponível em: <https://arxiv.org/pdf/1905.09749.pdf>.

4K [pp. 133-41]

1. "A resolução 4K das TVs pode 'superar' o olho humano; entenda", *Techtudo*, 5 set. 2014.
2. Douglas Adams. *O guia definitivo do mochileiro das galáxias*. Rio de Janeiro: Arqueiro, 2020.

ENTREATOS [pp. 142-7]

1. Fabio Manzano. "Veja minuto a minuto como foi a chegada do homem à Lua há cinquenta anos". *G1*, 20 jul. 2019.

ESTA OBRA FOI COMPOSTA PELA ABREU'S SYSTEM EM INES LIGHT
E IMPRESSA EM OFSETE PELA LIS GRÁFICA SOBRE PAPEL PÓLEN SOFT
DA SUZANO S.A. PARA A EDITORA SCHWARCZ EM OUTUBRO DE 2022

A marca FSC® é a garantia de que a madeira utilizada na fabricação do papel deste livro provém de florestas que foram gerenciadas de maneira ambientalmente correta, socialmente justa e economicamente viável, além de outras fontes de origem controlada.